ウェストファリアは終わらない

国際政治と主権国家

柴田純志

虹有社

絶対に手の届かないものに向かって憧れ、精一杯に両手を伸ばす姿、それがロマンスだ

Ｅ・Ｍ・フォースター

まえがき――解体する日本

2011年3月11日よりもはるかに以前から進んでいたに違いないと思うが、日本は今や解体しつつあるのではないか。地震、津波、そして原発の事故でその亀裂が表面にはっきりと浮き出てきたように思う。

地震と津波の被害から逃れた被災者たちの対応は世界中から賞賛を浴びた。しかし、政府はそうした国民を信用していないように見える。重要な情報を、国民がパニックに陥る可能性があるとして隠蔽した。こうした為政者の行動様式は、たぶん、明治以前にも遡るようなお上の普通の姿なのであろう。それに対して、国民もまた自国の政府を信用していない。匿名のネット情報は信じても、政府は何かを隠していると確信し、政府が発する情報を信じない。

地震・津波・原発事故以降、「絆」が流行り言葉となった。しかし、これとて大きな災害をきっかけとして絆が確かめられたというよりは、彼方に去りつつある価値を大声で呼び戻そうとするかのような印象が拭えない。福島県産の花火は空に打ち上げられず、被災地の瓦礫の処理に全国で猛烈な反対が巻き起こる。被災地の農産物は敬遠され、風評被害は止みそうにない。絆なんて嘘っぱちもいいところだと感じる。

原発の事故で多くの人々が立ち竦んでいる。原発反対派は事故自体を喜んでいるかのように見える。今の状況で単純に原発賛成を論じる人は多くないし、原発の必要を認める人もこれまでの原発の在り方について肯定的ではありえない。原発反対派はチャンスと見て攻勢に出ている。原発容認派あるいは懐疑派は反対派に嫌悪を感じつつも有効に反論しにくい雰囲気がある。反対派とその他の人々の間にある溝は容易に埋められそうにない。いや、永遠に埋まらないのではないか。

東日本大震災や原発事故とは関係のないところでも日本は解体の過程にあるように見える。貧富の格差が問題となっている。生活保護世帯の数が戦後間もなくの頃の数を超えた。正社員と非正規労働者の壁は厚い。非正規労働者の数は労働者全体の三分の一を上回っている。歴史上もっとも豊かな老後を送っている現在の老人たちと先の見通しの暗い若者たちの間の世代間対立が顕在化しつつある。自殺者が3万人を超えて14年になる。震災の犠牲になった人は2

万人弱だが、この14年で40万人を超える人が自殺で死んでいる。

自国の国旗・国歌に敵意とも言える感情を表す人々がいる。中学・高校の教科書問題は今や恒例になった。自国の歴史に対する認識がこれほどに分裂する国があるだろうか。

私たちは日本という祖国をもう一度原点に立ち返って考えなおさねばならないのではないか。国家の成り立ちや国家が置かれている国際政治上の位置を確かめなくてはならないのではないか。地震・津波の被害やその後の1年を眺めて改めてそう思った。

重要なことは、すべての問題を解決できる万能薬などないと心底思うことだ。そして、世界の変わらぬ岩盤のような基礎を踏みしめて日々の急激な変化に対応することである。この書物は変化しない基礎を見定めるために書いた。足元をこそ今見つめる時である。そして、その上で、遥か彼方前方に視線を向けようではないか。

ウェストファリアは終わらない——国際政治と主権国家

第1章

人間の条件

人はひとりでは生きられない。

これが世界を考える際のすべての出発点である。これは文学的な表現などではない。社会科学的な事実である。アリストテレスはこのことを「人間は社会的な動物である」と記した。「人はひとりでは生きられない」ということには、実は、2つの意味がある。ひとつは、人間にはその存在からして社会が、すなわち、他人が絶対的に必要であるということである。そして、もうひとつは、現代においては、国家がひとりひとりの人間のアイデンティティと不可分に絡まりあっているということである。この2つのことについて考察してみよう。

人間は限りなく不完全な状態で生まれる。両親やそれに相当する保護者の存在なくしては数日も生き延びられない。運よく成長して大人になっても他人の存在がもしなければ、人は恐ろしく貧しい人生しか持ちようがない。人間が人間らしく生きるためには他人の存在が不可欠である。しかし、他人と共存すること、助け合って生きることはそれほど簡単なことではない。人が平和で豊かに生きるためには、単なる人の集まり以上の「社会」が不可欠である。人間がいなければ社会も存在しないが、社会の存在なくして人間も存在しえない。人は社会の中でしか生きられない。

社会とは、人間が生きるために必要とする人間の集合体の総称である。それは共同体と呼ばれたりすることもあるが、社会は、単に多数の人間が集まる集団以上のものであって、そこには、人間と人間を結びつける契機や人間と人間の関係をコントロールするルールや人間と人間が情報の交換をするツールが存在している。また、人間が平和に、そして、豊かに生活するための制度や組織が社会の内部において発達する。社会とは、こうしたすべてのものを含みこんだ人間の集団の総称である。

仮に、ひとりの人間が自分が生きるために必要な何もかもを行わなければならないとすれば、その人間が一生の間に成し遂げられることは、単に生きること以外にほとんど何もないのではないか。日々を生きるために必要な最低限のことも満足にできないというのが現実ではないか。人間は他人と協力し、生きるために最低限必要とされることをも分かち合うことによって初めて単に生きること以上の何かをする余裕を辛うじて見出すことができる。ここに社会の存在の絶対的な必要性が生まれることになる。人は生きるために必要とされる最低限のことすら他人と協力せずには満足に生きられない存在なのだ。社会は複数の人間が集まったというもの以上の何ものかである。そこには複数の人間が協力して生きるための仕組みがなければならない。

人は社会の最小単位である家族の中に生まれ一般にそこで育つが、実際は、社会の中に生まれ社会の中で育つのである。そして、成長した後も社会の中で生きる以外に選択肢はない。人間はこうした条件を免れることはできない。

人間が社会の中で生きるのは、単に生きるためではない。よりよく生きるためである。言い方を変えると、人間はよりよく生きるために社会を作る。よりよく生きようと思えば、人間はよりよい社会を形成しなければならない。人間がよりよく生きるとはどういうことか。よりよい社会とはどのようなものか。それらの問いに答えることは容易ではない。しかし、よりよい社会を作ろうとする人間の努力と模索の跡が「歴史」であるとすれば、私たちはどこから来て、どこに行くのか。そして、今どこにいるのか。

社会とは、人間が単に生きる以上の何ものかを実現するために必要な環境を備えた場である。贅沢を言えば切りがないが、社会は何よりもまず人間が生きるために必要な最低限の環境を提供できなければならない。人間が生きるために必要な最低限の環境とは何か。それはそこに生きる人間に予測可能性を与える「秩序」である。人間は多かれ少なかれああすればこうなるということがわかって初めてまともな行動をし生活を営むことができる。やってみなければわからないということが、生活の中であるいは人生の中で無数に存在していることは間違いないが、それはより大きな秩序の存在を前提としての話であって、そうした秩序自体がまったく存在しない状態でのことではない。まともな社会に生きる人間にとって、真の意味で予測不可能な事態に直面するなどということはめったに起こることではない。逆に言えば、真の意味で予測不可能な事態に直面しているとすれば、それは、社会が形成されていないか、社会が崩壊しつつあるか、崩壊してしまっているのである。ホッブズが考察した自然状態、アナーキーな状況がそれである（トマス・ホッブズ『リヴァイアサン』）。そういう場所で人間はよりよく生きることはできない。社会は最低でもアナーキーな状況を回避する装置を備えていなければならない。社会によってアナーキーが回避され秩序が与えられなければ人間はよりよく生きられない。

ところで、現代国際社会の最大の特徴は何であろうか。

この問いに対しては無数の答えがありうる。しかし、人はひとりでは生きられないということを前提として個人に着目した答えを求めるとすれば、次のようなことが答えになるのではないだろうか。すなわち、現代国際社会においては、ひとりひとりの人間がすべてひとつの国籍を持っており、すべての人間が程度の差はあれ何らかの形で国家によって把握されており、また、すべての人間はあるひとつの定まった国家によって保護されることになっているということである。

考えてみれば、70億人近くの人間にすべてひとりひとり帰属先が定まっていて、地球上のどこに移動してもそれが付いて回るというのはすごいことである。その帰属先こそ国家でありこれが国籍である。もちろん、例外は常に存在する。二重国籍の人もいれば、無国籍の人もいる。しかし、これらはまさに全体から見れば例外中の例外である。現代においては、すべての人間がどこかひとつの国に帰属して生きているのである。

では、個々の人間と国家の関係とはどのようなものだろうか。ひとりひとりの個人に対して、現代においては、所属する国家が深い刻印を印しているように思われるがそれはなぜだろうか。そもそも現代において、人間とは何であり、国家とは何であろうか。そして、人間と国家の関係はどのようなものであるだろうか。

そもそも現代において人間とはどんな存在だろうか。

ある二人の人間が異なる人間であるのは何ゆえであろうか。二人の人間は物理的・化学的にはまったく区別されえない。たとえ異なる人間であるとしても、二人を成り立たせる物質的構成要素はまったく異なるところはない。では、二人はなぜ異なった人間であると言えるのか。DNAが異なるからであろうか。塩基の配列による情報の違いこそが私とあなたの違いであるのだろうか。二人の人間が異なる人間であるのはそんな理由からであるとは私には考えられない。

再び、そもそも人間とは何か。あるいは、私とは誰か。私と他の誰かを区別するものは何か。私が独自であるのはなぜなのか。それとも、独自性などないのか。

私を私たらしめているものは何か。

それは、私は、メモリーではないかと思う。少し感傷的な表現をすれば「思い出」である。より乾いた言い方をすれば、それは「記憶」である。英語では、どちらもメモリーという。

私を私たらしめているものは私のメモリーである。あなたにはなく私にあるものは私のメモリーである。私とは何か。それは私の中に積み重なった私の「思い出（メモリー）」である。あなたとは何か。それはあなたの中に堆積したあなただけの分厚いメモリーである。だから、私とあなたは違う。それ故、私は独自である。

ところで、私とは私自体で完結するものだろうか。一般的に言えば、「個人」はそれ自体で完結する存在であるのか。あるいは、個人は「全体」の一部となることで完成するのか。すなわち、「全」と「一」をめぐる問題である。

私のメモリーとは私だけのものだろうか。そうではないはずだ。人間がひとりでは生きられない以上、私のメモリーの大部分は他人と共有されている。すなわち、私のメモリーとは、私の中に積み重なるだけでなく、それらのうちの大部分は、ばらばらに他人と共有されているはずなのだ。

「私とは誰か」ということを考える場合には、2つの方法、あるいは、方向がありうる。ひとつは、自分の内側に自分を求める方法である。もうひとつは、他人の眼に映る自分をかき集めてそれを総合する方法である。

自分の「内なるメモリー」を追い求めるのが前者であるとすると、自分の外側にある「全」の中に「共有されるメモリー」を追い求めるのが後者であると言える。しかし、「内なるメモリー」の大半も実は他人と共有しているのであり、その意味では、それは自分だけのメモリーではない。このように考えると、メモリーは孤独ではありえない。そして、個体が孤独である時、孤独ではありえないメモリーとの落差から人は孤独を真に感じるのではないか。

人間の死とは、単に肉体が失われることであろうか。肉体とともに「内なるメモリー」も失われる。では、「共有されるメモリー」はどうなるのか。

人間の「最終的な死」とは、共有されるメモリーが失われる時なのではないか。人は2度死ぬのだ。肉体と同時に「内なるメモリー」が失われる時に。そして2度目は「共有されるメモリー」が失われる時に。そう考えると、人間は案外長生きである。人によっては、「共有されるメモリー」が広く受け継がれることによって1000年でも生きることになる。

葬式には死者の関係者がたくさん集まる。葬式とは、失われた「内なるメモリー」を、ばらばらに存在する「共有されたメモリー」がいったん集合して送る儀式ではないのか。法事とは、「共有されたメモリー」をかき集めることで死者を甦らせようとする儀式なのだ。あるいは、時々過去を思い出すことは、そこに登場する人たちを生かし続けるという行為であるのだ。

要するに、私が仮に死んでも、私は他人のメモリーの中に生き続けることになる。人によっては、語り継がれることで永遠に生き続ける。

「死」とは、だから、忘れ去られることだ。「共有されるメモリー」が失われる時こそが最終的な死の瞬間なのだ。そう考えると、忘れ去られることで、人は生きながら死ぬこともある。だから、人は忘れ去られることを恐れる。死を恐れるのとまったく同じように。

人は、間違いなく、ひとりで生きているのではない。

それは、私たちの社会生活が分業によって成り立っているなどというレベルの話ではなく、より深い、存在の核の部分で他人と絡まりあって生きているということだ。メモリーを他人と共有しない人生などありえようか。

それ故、人間とは、物語を必要とする動物であると言える。すなわち、歴史とは、公的に「共有されたメモリー」である。

人間がひとりでは生きられないということは、人間は、徹底的に「私」ではあり得ないということでもある。つまり、「公」と係わることなく人生は送れないということだ。つまり、「私」のメモリーの背景には「公」のメモリーが深く刻印されている。時代背景抜きのメモリーなどあり得ないのだ。

人間にとってメモリーが自己の存在の核心にあるものであるとすれば、メモリーこそが人間のアイデンティティの核であると言える。しかし、考えてみれば、私たちのメモリーは本来矛盾だらけである。それがアイデンティティの核になるためには、メモリーをコインの表側とすれば、コインの裏側に当然「忘却」が存在していることになる。人間のメモリーがアイデンティティの核になるのであるとすれば、その物語には何らかの一貫性が必要なはずであり、そのためには、ある種のメモリーは、それが無意識にであれ、排除されることになる。アイデンティティに昇華するメモリーを背後で支えているものこそ忘却という行為に他ならない。人間は忘却を無意識に操る動物でもある。言い換えれば、記憶と忘却こそが人間のアイデンティティを形成するのである。

メモリーの大部分は他人と共有されているが、その共有の輪を広げて行くとどこまで広がって行くことになるだろうか。つまり、その共有されるメモリーの落差が顕著になる場所はどこであろうか。それを突き詰めて考えてみると、現代においては、それが国家であることが理解できる。もちろん、この落差には、場所によって相当な差が存在する。たとえば、日本は、日本列島の内と外で非常に大きな落差が存在する。それに対して、ヨーロッパは国と国との間にそれなりの落差があるにしても日本の内と外とほどには落差は大きくないと考えられる。アフリカのような歴史的な経緯を無視して人為的に引かれた国境の内と外とでは落差がない場合や、国境内部に落差が存在している場合もあるかもしれない。

国家とは国民の記憶（memory）の束なのであり、メモリーが分厚く積み重なった場所なのだ。もちろん、国民のメモリーとは自然に出来上がるものばかりではない。メディアによって、あるいは、国家・政府がメディアを通じて意図して、あるいは、意図することなく作り上げる類のものでもある。人間のアイデンティティの核にメモリーが存在しているように、国家の核心にも国民の記憶の束が横たわっている。そして、人間のアイデンティティにおいて記憶と同じくらい忘却が重要な役割を果たしているように、国家の場合にも忘却は重要な役割を果たしている。歴史とは、国家が必要とする記憶のことであって、これと矛盾する記憶は忘却されるのである。だから、ルナンが言うように、「国民とは多くの記憶を共有し、かつ、あることをすっかり忘れてしまっている人間の集団」である（エルネスト・ルナン『国民とは何か』）。

如何にそれが人為的、つまり、記憶と忘却の所産であるとしても、歴史すなわち国民のメモリーこそ国家そのものである。それが途切れる場所が国境である。国家は多様な側面を持つのであまりにも単純化して言うことは慎まなければならないが、以上のように考えると、国家は私たちひとりひとりの記憶の束であると同時に、私たちひとりひとりのメモリー、つまり、心の中にこそ存在している。人によってはそれが如何に残念なことであるとしても、現代において私たちは国家抜きには自己を確立できない。国家とは、私たちの外側に存在するのみでなく、私たちの心の核心に突き刺さった存在なのである。だから、保田與重郎が言った「私たちは人間である前に日本人なのである」（保田與重郎『述史新論』）というのは真実なのであって、私たちが人間として一人前になった頃にはすっかり日本人となってしまっているのは避けがたいことなのである。

私たちは、国家がそのような存在である時代を生きているということを強く意識する必要がある。主権国家は私たちの外側の世界に秩序を与えるのみでなく、私たちの心の中にまで踏み込んでアイデンティティの核となっているのである。この状況は予見しうる将来にわたって変化するとはとても考えられない。

人間は生きるために社会を形成しないわけにはいかない。現代においては、その社会と国家とがほとんどの場合重なり合っている。人間がよりよく生きるためには社会に秩序が必要となるが、その秩序は国家によって打ち立てられる。社会に秩序を与えるものは何か。近代以降それは主権の働きであると考えられてきた。次に、「主権」とは何かということを考えてみることにしよう。

第2章　新しい主権論

第1節　主権とは何か

主権の概念が登場した近代の初頭以来、主権は常に様々な角度から議論されてきた。もちろん、ヒンズレーが言うように（F. H. Hinsley, *Sovereignty*）、主権ならぬ「主権的なもの」は古代に遡って存在してきた。主権的なものに主権という名前が付けられたのが近代の初頭だったのであり、それには時代の背景が大きく作用している。主権を「主権的なもの」と読み替えて注目すれば、主権は近代のはるか以前から議論されてきたと言ってもよい。主権は、しかし、現代に至ってもなお捉え所のない曖昧な概念である。あるいは、時代とともに変化する概念であるとも言える。21世紀を迎えた現在、主権はどのように捉えられるべきだろうか。

政治学において権力を捉えようとする場合と同様に、主権を捉える捉え方には、実体的な捉え方と機能的な捉え方がある。実体論とは、あたかも具体的な主権が存在して誰かがそれを所有しているというような議論をする考え方である。「国民が主権を所有している」という言説は実体論である。これに対して、機能論は、主権の果たす機能に着目して主権を捉えようとする考え方である。例えば、治安維持のような主権の果たす具体的な役割に着目して主権にアプローチしようとするのが機能論である。主権は、権力と同様に、実体論と機能論の両方から接近する必要のある概念である。

それにしても、主権とは捉え難い概念である。一般に辞書などを引くと、主権とは「至高で最高の権力」などと書かれている。これでは何のことかさっぱりわからない。もっと社会の成り立ちに遡って主権とは何かについて考えてみよう。

前章で論じたように、人間は複数の人間の集まりである社会で生きる以外の選択肢を持たない。そして、社会とは、単に人間が複数集まったもの以上のものであり、そこにおいては、人間がその中でよりよく生きることができる仕組みが備わっていなければならない。この仕組みは自然と出来上がるような性質のものではない。人間が意図して、作為によって作り上げるものである。この作為に纏わりつく力関係こそが「権力」に他ならない。主権とはこの権力の最高の形態であると理解することができる。もちろん現実には権力はより多様に行使されることになるが、そしてその場合には必ずしも理想とは相容れない場合も出現するわけだが、敢えて理想的に言えば、複数の人間が自然状態を脱して秩序ある生活を実現するために権力は行使される。そしてその場合、権力の核心には「決断」が存在することになる。何らかの決断なしに権力は作用しない。主権とは、最終的な決断を下す権力のことである。人間が集団で生きていかなければいけない以上、人間の存在するところには、それを主権と呼ぶか否かにかかわらず、主権的なものが必ず必要となる。人間が生きるところには必ず主権的なものを見出すことができる。

主権が社会にもたらすものはいったい何であろうか。それは何よりもまず秩序である。人間は秩序のないところで生きることも可能ではあるが、その生は、ホッブズが論じたように、貧しく限りなく悲惨であろう。人間がよりよく生きようと思えば、秩序が欠かせない。人間の集団である社会に秩序をもたらすものこそが権力である。人間は、特に現代においては、様々な集団に所属するのが普通である。その集団のひとつひとつがレベルの異なる社会であるとも言えるが、人間の集団である社会においては必ず権力が作用する。その権力の最高の形態こそが主権である。様々な権力の上下関係の頂点に立つものこそが主権である。

秩序とは、予測可能性のことであるが、予測可能性の核心にあるものとは何だろうか。それは、広い意味での「法の支配」である。主権国家においては、憲法を頂点として大小様々の法律が存在している。また、法律という具体的な形態を取っていなくても、法の裾野にはその社会の持つ道徳や伝統、慣習・習慣、常識などが広く存在している。これらのすべてが主権の作為によって作られたというわけではなく、人と人の関わりの中から自然に形成されたものも多くあろう。しかし、社会秩序の形成という点では主権の働きが不可欠である。ある社会に「法の支配」を実現するためには、そこに生きる人間の作為が不可欠である。その人間の作為を最終的に決するものこそ主権の働きに他ならない。人間がよりよく生きるためには主権が不可欠である。社会の多様なレベルで機能する権力がそれぞれのレベルで秩序を生み出し、多様なレベルにおいて実現された秩序を最終的に調整して社会全体の秩序に結びつけるものこそ至高・最高の権力である主権なのである。

こうした主権の概念が初めて登場したのが近代初頭のヨーロッパであった。当時のヨーロッパにおいては、地方の政治的権力が成長し、帝国や宗教的権威に対抗するまでになった。その結果、皇帝や法王に帰属していた主権的なものが曖昧となり、社会から秩序が失われるようになった。秩序を再構築するためにJ・ボダンが提出したのが「主権」の概念であり、ボダンは主権は王が所有して行使すべきであると主張した（J・ボダン『国家論』）。それ以前はローマ法王や皇帝が王よりも上位の権力として存在していたために、一定の領域を支配しその領域で権力を振るう王といえども必ずしも主権を所有し行使する存在ではなかったわけだが、今や王たちは自己の支配領域における政治決定の最終的な決定者となった。つまり、以前ならば上位にローマ法王や皇帝が存在し彼らの決定こそが最終的な決定だったわけだが、今や、王たちこそが自らの支配する領域において至高・最高の権力である主権を所有することになった。これらの王たちの支配する領域が発展して後に主権国家となる。

16世紀後半から17世紀前半にかけてのヨーロッパの社会が秩序の崩壊に直面していたことはボダンの次の言葉から明らかである。「秩序を欠いたアナーキーよりは、世界でもっとも苛酷な暴君政治の方がまだましである」。ボダンは失われかけた秩序の回復を、主権を王に託すことで果たそうとした。

ボダンよりも時代は下るが、ホッブズもボダンとまったく同じ問題意識をもっていた（トマス・ホッブズ『リヴァイアサン』）。中世という時代が崩壊しつつあるのを目にしてホッブズは、ボダンと同様に、主権を国王に帰すことを主張した。ホッブズの議論の出発点である自然状態は現実の当時のヨーロッパ社会というよりは思考実験の産物であろうと思われるが、自然状態を脱するためには大きな権力を持つ存在が不可欠で、その存在に社会の構成員が主権を預けることが肝要であり、主権を担う存在は国王以外に考えることができないと論じられた。ボダンやホッブズの議論は、主権を国王が所有し、もっぱら国王が主権的な権力を論理的には他からの制約なしに行使することができると考える点で、実体論的な理解をすることが容易である。

いずれにしても、人間が集団をなして生きていかざるを得ない以上、その集団に秩序を与える力が作用しないわけにはいかない。この力の機能こそが権力であり、その頂点にたつものが主権であって、仮にすぐ後で述べるような「国民」が形成されていなくても、また、これまた後に述べるような主権の委託先を決定するための民主政が不在であっても、実体論的な言い方をすれば、主権それ自体はその集団に必ず存在するし、そうである以上、誰かがその主権を行使する。

誰が主権を担うかという議論は実は非常に重要である。ホッブズよりさらに時代が下って、ルソーは、主権はより集合的なものであると論じた（ルソー『社会契約論』）。国家が契約によって成立すると考えられる以上、主権の所有者は契約の当事者である「人民」peopleという集合体しか考えられないというのがルソーの結論である。現代において、ボダンやホッブズのように、主権の担い手が現実に存在しているあるひとりの人物あるいはごく少人数の集団であるという議論をすることは不可能である。主権の担い手は「国民」nation であって、主権の担い手は誰かという議論にはすでに決着がついている。主権の所有者についての議論が再びなされる可能性はない。主権という概念は、近代以降常に議論の的となってきたが、その理由のひとつは、担い手の議論に見られるように、大胆にその中味が変化するということにある。主権という概念は変化する概念であるということを肝に銘じなければならない。しかしながら、主権の担い手が国民であるというテーゼが今後変化する可能性はない。

では、主権の担い手である国民とはいったい誰であろうか。

国民とは、共通の「政府」governmentを持ち、自分たちの未来を自分たちの手で切り拓き決定していくことを決意した人々の集合である。こうした国民が現代においては「主権国家」sovereign stateを形成し、そこに帰属している。国民や主権国家とは極めて自覚的な思考と行動の上に成り立った人間の集団である。このようにして出来上がった主権国家は「国民国家」nation stateとも呼ばれる。もちろん、現代においては、国民国家と呼ぶことのできない国家も多数存在している。国民の統合がなされていなかったり、政府が国民によって自由に選択されていない国家は珍しくない。こうした国家もこれまでの国際社会では主権国家として捉えられてきたが、私は、こうした国家を主権国家以前の国家として本書において論じていこうと思う。

ロバート・H・ジャクソンは彼の著書の中で（Robert H. Jackson, Quasi-states: *Sovereignty, International Relations and the Third World*）、第2次世界大戦以後に植民地から独立した新興諸国を「準国家」（Quasi-state）として捉えている。それ以前ならば、低開発（underdevelopment）を理由にして主権国家として認められないような国家が、第2次大戦後には主権国家として独立を果たし、同じ理由、すなわち、低開発であるが故に、国際社会から援助を提供されることが当然とされるようになったと述べている。ジャクソンは主権を「消極的（negative）」と「積極的（positive）」の2つに分類しており、「消極的」とは他国からの不干渉の権利であり、「積極的」とは主権国家としての本来の役割、すなわち、国内の秩序の確立や国民への福祉の提供などを果たすこととしている。そして、準国家に分類される諸国家は「積極的」主権を十分果たせないまま、国際社会からの援助に頼っているとしている。彼の言う低開発とは、それ故、経済的な側面に限らない国家の役割の機能の不全を指し示している。

私が提案しようとしている主権の概念は、ジャクソンの言う準国家に主権をフルには認めないという立場になるかもしれない。これについては次節で詳しく論じる。

国家と国民がどのようにして歴史的に成立したかについては、実は、定説があるわけではない。ヨーロッパとアジアでは相当に事情が異なるし、他の地域についても同様である。しかし、カール・ドイチュの社会的コミュニケーションを重視した国民と国民国家の形成過程の仮説は非常に参考になる（Karl W. Deutsch, *Nationalism and Social Communication: an Inquiry into the Foundations of Nationality*）*。

＊以下のドイチュの国家の形成過程についての説明は、数年前にウィキペディアに書き込みをした。以来ほとんど手を入れられることなく今もウィキペディアの「国家」の項の「2 国家の起源」に掲載されている。あまり例のないことかもしれないが、註として記しておくこと

にした。

ドイチュによれば、コミュニケーションには経済に関するものと情報に関するものの2つがある。資本主義と交通機関の発達に伴って、小さな地域で自給自足をしていた集団の間に分業が発展する。この地域間・個人間の分業の結果、コミュニケーションが密接になる地域が出現する。ドイチュはこうした地域を「社会」societyと呼ぶ。こうした経済社会が発達し情報交換が密になるに伴って、文化と言語が重要な役割を果たすような、情報を共有する地域が出現するようになる。ここで、文化とは、ひとりひとりの個人の心の中にまで染み込んだ思考様式や行動様式の束のことである。言語の重要性はいくら強調してもしすぎることはない。ドイチュはこうした地域を「共同体」communityと呼んでいる。こうした経済「社会」と文化情報「共同体」が基礎となって、国家が生成してゆくのである。ただし、社会と共同体は必ずしも一致するものではない。日本人である私たちは、社会と共同体が一致するような自然環境に恵まれているために、これらは自然と重なり合うもののように考えがちだが、これらが不幸にもずれているために苦悩する国はけっして珍しくない。

その日本にしても、明治維新以前においては、社会と共同体が必ずしも一致していたわけではなかった。経済は日本全国がひとつに繋がっており、その意味で、かなりの規模の「社会」が出現していたと考えられるが、「共同体」の大きさは社会と比較してはるかに小さなものであった。多くの小さな共同体を大きくひとつにする作業こそが明治維新の一側面であった。

一定の地域に経済社会と文化情報共同体が発達することによって、他の地域とは区別されるまとまりが生まれ「くに」countryが成立するようになる。そこに生きる人々が「人民」peopleである。人民が自らの政府を持ち、自らの未来と運命を自ら決定したいと考えた時、人民は「国民」nationとなる。国民が実際に共通の政府を手に入れた時、国民国家が誕生することになる。「人民」が社会や共同体の歴史という過去の事実を基礎としている集団であるのに対して、「国民」がこうした集団を基礎としつつも未来に対するヴィジョンを共有していることが成立のポイントになっているということが重要である。

国民と国家の成立過程についてのドイチュの仮説はきわめて興味深い。

ドイチュの提示した国家の成立過程を実際に踏襲して国家が成立した場合というのは、世界全体を見渡しても極めて少ないことがわかるが、これを理念型として使用することで、ある国家の置かれている状況を明確に理解することが可能となる。すなわち、理念型としては、内部で人民のかなりの統合が進んで国民が誕生した後に国家という枠組みと統治機構が生まれると理解されるのであるが、実際には、何らかの要因で国家の枠組みだけが先に出来上がって、その内部の国民がまだ十分に統合されていない国家が現在の国際社会には多数存在している。こうした理念型との比較によって、倒錯状況がいかにして生まれ、そうした状況をいかにして解消するかといった問題をより明確に考えることができる。理念型は問題の構造の理解に役立つ。

内部的に統合がある程度以上に進んだ人民が自分たちの共通の政府を持とうと考え国民へと生まれ変わる権利のことを「人民の自決の原則（民族自決原則）」と呼ぶ。ちなみに、民族自決を英語で言うと、self-determination of peoplesと言う。自決した人民peopleはすでに人民ではなく、国民nationとなる。民族自決とは、人民が国民へと生まれ変わる瞬間を指し示す言葉なのである。民族自決の原則は現在の国際社会の最重要の原則のひとつである。しかし、この原則がどこまでも適用されると考えることは非現実的である。この原則があらゆる場合に認められることになれば、世界は収拾のつかない混乱に陥る可能性が高い。この原則は、最重要の原則のひとつであるには違いないが、どこかで限界を設けなければならない原則でもある。

自らの政府を持つことを決意できる人民とはどのような人たちのことであろうか。原則的には制約などはないと考えられるが、人民の自決の果てに国民が主権国家を形成するのであるとすれば、自ずと限界が存在していることが理解できる。すなわち、国際社会において、合理的な期間を経て、独立した主権国家を形成できる実力をその国民が持っているということが不可欠の資格となる。たとえば、将来に渡って他国からの援助なしには経済社会を維持する見通しが立たないとか、主権国家に最低限必要とされる社会的装置を備えることができない程度の規模しか国民が存在しないという場合には、いかに自決をしようとする人民が存在するとしても自決の資格なしとせざるを得ないのではないだろうか。自決権は、それに見合った実力があってこそ発動できる権利であるべきで、実力の伴わない決意のみで発動されるものであってはならない。

以上の議論からわかるように、主権を担う国民とは、共通の歴史と文化を併せ持ち、共通の政府を持つことを決意し、その結果、実際に政府を持つようになった、つまり、国民国家を形成するようになった、一定以上の規模の人間の集団である。

国民が主権の担い手であるということは現在ではまったく議論の余地がない。しかし、主権の担い手たる国民はたとえ主権を所有しているにしても主権を直接行使することはできない。国民とは、ルソーの言うように、肉体を持つ国王とは違って、集合的な概念であって実体を伴わないものであるからである。では、主権がどのように機能するかと言えば、国民が主権を政府に委ねることによって政府が国民に成り代わって主権を実際に行使する。主権者たる国民が実際に主権を行使するのは、ルソーが言うように、選挙における投票の瞬間だけである。国民は主権の行使を投票によって選んだ政府に委託していると理解することができる。

このように考えると、政府を選択する国民の権利が決定的に重要である。国民が自由な意思に基づいて政府を選択することができる「民主政＝デモクラシー」democracyこそが今や主権の概念にとって欠かすことのできない制度ということになる。国民による「体制」constitutionの選択こそが主権の行使のもっとも根源的なものである。

国民主権の下では、体制・政府の選択を主権者たる国民が行う民主政という政治のあり方は主権の概念と一体のものと理解することができる。国民が民主政を通じて選択した体制こそが国民国家＝主権国家であり、国民によって選ばれた政府が国民から委託された主権を行使する。国民が政府を自由に選び、主権を政府に委託するという点からすると、国民と政府は一体のものである。国民と政府の統合体が所有する主権が国家主権と呼ばれる。現代の民主国家においては、国民主権と国家主権はまったくズレなく一体のものである。

国民から主権を委託され実際に主権を行使する政府とは、実は、極めて広い裾野をもった組織である。国民の主権の現実的な唯一の行使とも言える選挙で選ばれる政治家は実際には政府のほんの一部をなすに過ぎない。膨大な官僚機構や地方政府、軍隊や警察など、政府組織の裾野は極めて広い。しかし、論理的には、選挙で選ばれる政治家の持つ権限は巨大であって、官僚機構以下のあらゆる政府組織を統括する権限と権力を持っている。主権者によって直接選ばれ主権を委託された主体だからである。もちろん、官僚機構以下の主体もそれが政府の一部である以上論理的には国民から主権を委託されていることは間違いないが、やはり選挙で直接選ばれて主権を託されたという点で、政治家の位置づけは格別である。

国民から委託された主権を実際に行使する政府の役割とは何であろうか。

主権の果たすべき最低限の役割、すなわち、政府の最低限の役割とは次のようなものである。対内的には「秩序」を維持することである。対外的には「独立」を保持することである。

こうした主権の最低限の役割のレベルの下限は現代に近づくにつれて上昇してきており、政府の仕事は拡大し続けてきた。それ故、現代の政府の役割は、主権の果たすべき最低限の働きの範囲をはるかに超えて広がり続けてきている。政府の役割の範囲については、たとえば、大きな政府か小さな政府かという形で、常に議論がなされてきた。

最低限の範囲を超えた政府の働きとしては、対内的には、政府は国民の「福祉」の向上に常に努めなければならない。政府のこの働きには、最低限の人権の保障から、限りない豊かな生活の実現ということまで考えることができるが、これには自ずと限界が存在している。つまり、論理的にはこれらは際限のない営みであるけれど、現実には多様な制約が存在している。政府の調達できる財源は端的に制約となる。国民はこうした制約の範囲の中で何らかの選択を常に迫られ現に選択をしていかなくてはならない。あるいは、政府は国民の委託を受けてこうした選択をしなければならない。こうした選択の相違によって同じ民主政の国でもまったく異なった社会が出来上がることになる。

対外的には、政府は、最低限の役割たる「独立の保持」ということを超えて、常に「国益」の増進に努めなければならない。政府は、国際社会に自国を独立国家として承認させ、さらに、対外関係にかかわる決定を行うとともに、それらを実現してゆくための「権力」powerを追求しなくてはならない。権力は多面的であるが、大きく分けると、軍事的側面、経済的側面と、名声にかかわる側面が存在している。できるだけ目標を達成するためには、論理的には権力を最大限に拡大しなくてはならないが、現実には、当然ながら制約がある。他国との関係における制約や自国の持つ権力の大きさや質による制約や他国からの干渉もありうる。自国の権力にまつわる制約は、国土の大きさや人口のように自国の努力によってはすぐには如何とも し難いものもある。過去においては、戦争の結果として、国土や人口を拡大するということもありえたが、現代においては、こうした方法はもう取りえない。しかし、経済力のように、自国の権力の制約を自国の努力の結果として変えることのできるものもある。

主権は絶対・至高のものなので、本来、それに対しては何ものからも干渉は許されない。どんな大国もどんな小国も主権国家である限りまったく区別をしないことが主権の原則である。それ故、他国からの干渉が国家の制約になることは論理的にはありえない。しかし、現実には、大国による小国に対する干渉は常に起こりうるし、また、現代においては、それが不当な干渉であるか否かの判断がつけられないような微妙なグレーゾーンが広く存在している。相互依存の深化とともにこのグレーゾーンはますます広がりつつある。

主権と干渉に関してはS・クラズナーが著書 *Sovereignty* で以下のように論じている(Stephen D. Krasner, *Sovereignty*)。

主権には4つの側面がある。第1に、国内政治を他国からの干渉なく執り行う権利としての domestic sovereignty、第2に、国境において外国人を国内に入国させるか否かを決定する出入国に関する権利としての interdependence sovereignty、第3に、国際社会において主権国家として他国から承認されたり、あるいは、他国を承認する権利としての international legal sovereignty、そして第4に、内政不干渉原則を内容とする Westphalian sovereignty である。そして、クラズナーは国際関係に密接に関わりのある後者2つの主権に着目して議論を展開している。

近代の前後に主権国家が登場して以来、主権国家間の最大の侵さざるべきルールは「内政不干渉原則」であった。たとえ、他国の国内において自国の国内においては許されざるべき体制が敷かれていたとしても、他国の内政には一切干渉することなく外交関係を取り結ぶことが国際関係の常態とされてきたのである。それ故、第2次大戦後に独立を果したアジア・アフリカ諸国は、ヨーロッパに発する国際構造に正式に参入する際に「平和5原則」などの中で、何よりもまず守られるべき原則として「内政不干渉」を謳いあげたのであった。

しかしながら、クラズナーは、内政不干渉原則とはこの原則の登場以来一貫して「建前(organized hypocrisy)」に過ぎなかったと断じて、その実例を無数に挙げている。確かに、内政不干渉原則とは不思議な原則である。国際政治上の様々な場面でこの原則ほどに取り上げられる原則もない。しかし、考えてみると、これだけ多くの機会に取り上げられてきた最大の理由は、それが守られることが稀であったからだと考えることもできる。つまり、相互依存の時代になる前から大国が小国の内政に干渉することはなんら珍しいことではなかったけれども、正面切って内政干渉に踏み切ることは案外難しく、内政不干渉原則を厳守することを口では語りながら実際には内政に干渉するというのが国際社会の実態であった。現代においても、破綻国家において、その内部の人民の窮状を救うためには外側からの援助が明らかに求められているにもかかわらず、内政不干渉原則が善意の関与を阻む例が珍しくない。「人道的介入」や「保護する責任」といった議論は、内政不干渉原則を侵さずに人道的な危機に直面している人々にどのようにして国境を越えて援助をすることが可能であるかという議論なのである。そもそも内政不干渉原則があまり守られていないのだとすれば、こうした緊急事態にはこの原則への配慮などあまり必要が無いように思えるのだが、こうした場合にも内政不干渉原則は各国の行動を強く拘束しているのである。つまり、内政不干渉原則とは、それが実際には守られていないにもかかわらず、公然とは無視することの不可能な、非常に不思議な国際的ルールであると言える。

クラズナーは、結論として、内政不干渉原則は存続するにしても、主権国家は結局のところ、必要があればその原則を無視するとしている。主権国家というものはこうした原則に従うのではなく、自国のパワーと利害に基づき自国の国益に応じて行動をするのであって、そうした原則は所詮建前に過ぎない。内政不干渉原則とは、自国が他国から干渉を受けそうな場合には声高に叫ぶ原則であって、自国が他国に干渉する必要のある場合には無視される原則と言える。ただ、自国が声高にそれを叫ばなければならないこともあり得るが故に完全に無視をすることはできず建前としてリップサービスを常にしなければならない原則と言えるかもしれない。

いずれにしても、主権という概念の捉えどころのなさがこうした議論からも理解できる。

政府が果たすべき役割の第一は国家の内部において「秩序」をもたらすことである。社会に秩序をもたらすために欠かせないものが広い意味での「法の支配」の確立と維持である。私たちの生活は道徳や常識を裾野としその上に築かれる法律の網の目の中で実は営まれている。ごく小さな規模の集団であれば、こうした「法の支配」が政府による意図的な働きによってでなくても自然と実現する可能性はあるかもしれないが、国家レベルの規模となると、こうした網の目が自然と築き上げられるということは考えられない。国家は意図してこうした「法の支配」を長い時間をかけて築き上げる。裾野に行けば行くほど、つまり、道徳や常識の領域に近づけば近づくほど、それらが政府の意図とは無縁に歴史の中で形成された網の目であることは事実ではあるが、憲法を始めとする法律など社会が機能するために不可欠の制度はむしろ政府が意図して作り上げたものである。

そして、非常に重要なことは、こうした人間の生活にとって欠かすことのできない広い意味での「法の支配」を確立し維持または変革して社会全体に適用していく存在として、すなわち、主権を委託できる主体として、現在においては、「国家」以外にその役割を果たすことのできるものがまったく考えられないということである。ここでいう国家とはまさに統治機構のことでその中心にあるのが政府である。人間がよりよく生きる場としての社会を実際に基礎付けるものこそが政府の働きであると言える。

そのように考えると、人間が生きていくためには主権の唯一の委託先である国家が不可欠のものであるということができる。主権国家の存在無くして私たち人間の存在もありえない。

第2節 21世紀の主権

人間がよりよく生きるためには、健全な社会が不可欠であり、秩序ある社会を構築するには、これまで論じてきたように主権の作用が欠かせないものである。人間にとって主権国家の存在は不可欠のものである。21世紀において、主権はどのように考えられるべきであろうか。ヨーロッパの近代初頭においては国王が主権を所有すべきだと考えられた。ところが、フランス革命後には主権の所有者は国民であるとする大きな転換が行われた。主権概念の根本的な変化である。21世紀においても、主権概念は大胆に柔軟に再検討がなされて然るべきではないか。

21世紀において主権はどのように考えられるべきであろうか。

まず、主権という概念の存在そのものを確認しておこう。人間は社会を形成して生きていかざるを得ない存在だが、人間が生きる社会には秩序が絶対的に必要である。社会に秩序をもたらすためには権力が有効に作用することが不可欠であるが、権力の頂点に立つものこそ主権である。人間の生きる社会が人間にとって有益であるためには必ずそこに主権の働きが作用することになる。あるいは、こうした作用に名前をつけて「主権」と呼んでいるのだ。

主権の最低限の役割としては、すでに論じたように、国内的には「秩序」を維持することである。また、対外的には「独立」を保持することである。これらを超える政府の役割は、小さな政府か大きな政府か、という議論が常になされ、その国によって、また、同じ国でも時代によって様々な議論がありうる。主権は国民によって政府に委託されているが、政府の役割のすべてが主権にかかわるというわけではない。政府の役割の核心には間違いなく主権が存在しているが、ある一定の領域を越えてしまうと、政府の役割は主権の発動というものとは異なった、他の社会組織と競合するような性質をもつものとなる。つまり、政府よりも効率よく働く民間の組織が存在する分野が広大に広がっているのである。政府がどこまでをカバーするかという問題こそが政府の規模の問題であり、それに答えを出すことは大変に難しい。その時代その時代の国民が最終的には判断を下すものだけれども、他の社会組織では断じて行い得ない主権の働きの範囲とはどこまでであろうか。

私はどちらかと言えば小さな政府を志向するが、「秩序の維持」と「独立の保持」に加えて、主権の欠かせない役割としては、「最低限の人権の保障」をあげたい。そのように考えると、国民が政府に主権を委託する最小限の理由は、「秩序の維持」「独立の保持」「最低限の人権の保障」を実現するためである。逆に言えば、以上の3つが実現されていないとすれば、主権を委託されているはずの政府は実は主権の委託先として相応しくないということになる。ただ、これら3つの役割は、場合によっては互いに相容れないこともあり得る。外敵に攻撃されて「独立の保持」が緊急の要請である場合、「最低限の人権の保障」が制約を受けるような場合もあろう。どんな場合でもバランスが重要になる。

21世紀の主権論においては、主権の担い手が国民であるということが出発点にならなければならない。国民主権はすでに決着した問題である。変更の可能性はない。すでに論じたように、国民は主権を所有するが直接行使することはできない。例外は選挙のみである。国民は自由な選挙を通じて政府を選び、その政府に主権を委託するのである。政府は委託された主権を行使するが、その行使の仕方次第では国民の信任を失い、次の選挙によって委託先の変更がなされる。

国民主権を前提として、あるいは、国民主権を主権概念と一体のものとして主権を考察すると、現代においては、民主政＝デモクラシーが主権にとって不可欠のものであることが理解できる。21世紀の主権の概念はその内部に民主政が組み込まれていなければならない。

デモクラシーとは、自由な選挙で政府が選択されることを核とする社会である。そして、自由な選挙で政府が選ばれるために必要なあらゆる社会的な制度がデモクラシーをなすものである。思想・良心の自由、言論の自由、集会の自由、結社の自由、報道の自由といった基本的人権があらゆる角度から保障されなければならない。また、可能な限り情報が公開され、政府を国民が常時監視し、国民は次の選挙での判断の材料になる情報を知ることができなければならない。こうした自由を保障する制度は、主権者である国民によっても放棄されることはできない。なぜなら、そうした自由を放棄することは、未来の国民の選択の自由を奪うことになるからである。国民とは、現在生きている人々だけでなく、過去、そして、未来に生きる人々をも含む概念である。

主権国家とは、国民と自由な選挙で国民によって選ばれた政府が、国民の生活を保障するために正当に主権を行使する政治的な共同体である。主権が政府によって正当に担われるためには政府は自由な選挙によって主権を国民から委託されなければならない。すなわち、民主政が正しく機能して初めて正当な主権国家が成立するのである。21世紀においては、主権国家とはまさに民主国家のことでもある。

理念型としては、主権国家と国民と政府と主権のかかわりを以上のように捉えることができるが、必ずしも現実は理念型通りとはいかない。その現実をどのように考えるべきであろうか。

まず第1に、現代においては、国民の成立していない国家が多数存在している。人間が集団で生きていこうと思えば、そして、人間は集団で生きる以外に選択肢がないのだが、その集団には「法の支配」に裏付けられた秩序がなければならない。国民が形成されていようといまいとこの事実に変化はない。それ故、国民の不在のところにも主権は出現し、誰かがそれを担うことになる。それは穏健な政府であることもあれば独裁的な政府であることもある。それがどんな種類の政府であるにしても、主権の所有者たる国民が不在であり、本来国民が所有する主権を政府に委託するという行為もなされていないわけだから、こうした国家は主権国家とは呼びがたい。国家という枠組みが存在し、内部に主権を行使する政府が存在したとしても、である。これまでの国際社会では、こうした国家をも主権国家と考え、あらゆる国家を平等に扱ってきたけれども、それは誤っているのではないか。こうした国家は国民が統合されておらず国民国家とは呼ぶことができない。また、主権の委託もなされておらず主権国家とも呼びがたい。いわば「半主権国家」である。

第2次世界大戦後に独立したアジア・アフリカ諸国の中には未だにこうした「半主権国家」が多数存在している。内部に国民がなかなか成立せず、ばらばらに対立が散らばった状態が続いている。国民の統合が最大の課題だが、植民地時代から引き継がれている国境がそもそも国民の統合を阻んでいる場合が多い。現代では、国境を動かすことが困難であるだけに難しい問題だ。「人民の自決の原則」通りに、それぞれの人民が自決して国民となり、それぞれが主権国家を形成することを奨励することも可能だが、この原則を文字通りに現実に適用することは不可能である。ボスニア紛争時に国連事務総長だったブトロス・ガリは、「自決原則」の処理を誤ると、アフリカだけでも200の国家が出現しかねないと語った。「自決原則」が国際政治の重要な原則であることを否定しないにしても、異なる人民（民族）がひとつの国民として統合される寛容と共存の術を人類は学ばなくてはならない。

第2に、統合された国民が形成されていたとしても、民主的に政府が選ばれていない場合がある。21世紀の主権概念においては、国民が自由な選挙を通じて主権の委託先である政府を選ぶ民主政が主権の概念の一部として組み込まれていると考える必要がある。もし国民が所有する主権を、政府を自由に選んでその政府に委託できないとすれば、そもそも主権が正しく国民に所有されておらず、正当性を持たない政府に主権を簒奪されていると理解することができる。このような状態の国家も主権国家とは呼びがたい。これもまた「半主権国家」である。

この種の「半主権国家」も現代の世界では珍しいものではない。中国がその最大の例である。中国の国民がどこまで統合されたものであるかはわからないが、すなわち、共産党の支配が緩んだり、あるいは、なくなった場合に、多様な民族ethnicityがひとつの国民nationとして統合された状態を維持できるかどうかには疑問もあるけれども、仮に、現在、統合された国民が存在するとしても、政府が自由な選挙によって選ばれておらず、民主政に欠かすことのできない様々な基本的人権が保障されていない以上、現在の中国はまだまだ「半主権国家」に過ぎないのである。

このように考えると、現代の世界は、「主権国家」よりも「半主権国家」が数の上では主流であることが理解できる。私たちの生きる現代が新しい時代への過渡期であるとすれば、それは、世界中に主権国家以前の国家（半主権国家）が多数存在しており、これら「半主権国家」が徐々に完成された主権国家へと移行するという意味なのであって、主権国家が時代遅れになりつつあるというような意味においてではない。

主権国家は16世紀のヨーロッパで誕生したとされる。主権概念はその後大きな変化を遂げるが、20世紀の半ばには主権国家が地球全体を覆う状態になった。しかし、21世紀の主権概念から判断すると、21世紀初頭の多くの国家は未だに「半主権国家」に過ぎない。「半主権国家」のほとんどは国家樹立後50年程度であり、完成の領域にないのは仕方のないことなのかもしれない。

以上のような、21世紀の主権という新しい主権の概念の検討は、国際法の領域で言えば、国家の資格要件の問題ということになるかもしれない。一般に、国家の資格要件とは、（1）国民、（2）領土、（3）政府、（4）主権であるとされる。一定の国民が存在し（1）、それらの国民が生存すべき一定の領土があるか否か（2）。国民・領土を実効的に支配する政府が存在するか否か。つまり、中央集権的な行政・司法・立法機関などが存在し安定的に機能しているか否か（3）。さらに、外国からのいかなるコントロールも受けず「独立」を保持することができるか否か（4）。以上のことが国家の資格要件として問われることになる。

最近では、たとえば、東チモールやモンテネグロやコソボなどが独立に際して以上の要件を国際社会で問われた。また、ロシアの援助を受けてグルジアからの独立を宣言した南オセチアやアブハジアはこれらの要件を満たさないとしてロシア以外の国々は独立を承認していない。

しかし、以上の国家資格要件は、21世紀の現在において、十分な内容を持っていると言えるだろうか。最大の問題は、デモクラシーの要素が資格要件にまったく含まれていないということである。実効支配する政府の質は問われないでいいのだろうか。21世紀の主権を基準として国家資格要件を検討し直してみると、主権は、国民が所有し、自由な選挙で選ばれた政府に委託されなければならない。つまり、資格要件のひとつである政府とは民主的に選ばれた政府でなければならないのである。21世紀における国家資格要件は（5）デモクラシーの実現という要素が加えられるべきである。

国家資格要件とは、慣習上、新しく独立をする国が問われる要件であり、すでに独立を獲得している国には問われないものである。しかし、すでに独立して現存している国家が21世紀の国家資格要件を満たしているか否かを再度検討してみることは非常に重要な作業である。現在の独立主権国家のうちどれくらいが21世紀の国家資格要件を満たしているであろうか。私が「半主権国家」と呼ぶ諸国は資格要件を満たしていないことは明らかである。

国家の独立の承認にかかわる困難は他にもある。独立の承認という行為はまさに主権の重要な行為のひとつであり、国際機関などが国家に代わって資格の承認を行うような性質のものではない。故に、各国の資格要件の内容についての考えの違いや各国の国益によって判断が大きく分かれる場合が出ることは避けがたい。すでに独立をしながらも「半主権国家」にとどまる国家がデモクラシーを資格要件に含めることを容認するとは考えにくい。それは「半主権国家」を主権国家として承認した20世紀の国際関係の負の遺産である。しかし、この負の遺産を清算することは至難の業である。すでにデモクラシーを実現している主権国家が粘り強く「半主権国家」に真の主権国家、すなわち、民主国家となることを要求し続ける以外に方法はない。

主権国家が現代の様々な問題に対処できず、すでに時代遅れのものとなっているのではないかという議論がある。しかし、私はまったくそのようには考えない。人間は、主権国家なしで生きることはできない。むしろ、世界中を国家が覆い尽くすようになってまだ半世紀、多くの国家は未だに「半主権国家」という不完全な状態にある。これらの不完全な状態の半主権国家が徐々に完成の方向、すなわち、真の主権国家への転換の方向に向かったとしても、完成までに相当の時間がかかるのではないだろうか。主権国家はなくなるどころか予見しうる将来に渡って存続すると考えられる。問題は、未熟な半主権国家が発展してより完成された主権国家に近づくか否かである。半主権国家の国民が統合され、民主的な制度が根付くには相当の時間がかかるのは当然のことである。「主権国家はなくならない」という結論を出発点として国際政治や国際システムは議論されなければならない。

第3章　終わらないウェストファリア

第1節　構造とシステム

国際政治「システム」と言ったり冷戦「構造」などと言ったりすることがある。「システム」systemとは何であり、「構造」structureとは何であろうか。

構造主義の始祖レヴィ＝ストロースによれば、「構造」とは「要素と要素間の関係からなる全体のこと」であり、しかも、ここからが重要なところだが、「一連の変形過程を通じて不変の特性を保持する」のが「構造」である。すなわち、外形・内容がどのように変化しても不変であるのが「構造」である。

それに対して「システム」は「要素と要素間の関係からなる全体」であると、「構造」と同じ定義をレヴィ＝ストロースは与えながら、「構造」との決定的な違いを「システムには変形が可能でない」としている。すなわち、何らかの変形があればそれは前のシステムではありえず、すでに変化した新しいシステムになってしまっているということである。あるシステムは一定の均衡状態にあるが、その均衡状態が崩れて何らかの形で別の均衡状態が生まれたとすれば、それは別のシステムが誕生したと理解されなければならないということになる。レヴィ＝ストロースはさらに、「構造上の要素と要素間の関係の変化から個別のシステムが認識される」と述べる。つまり、要素と要素間の関係の変化によりシステムは変化するが、構造はそれによっても変化しない何ものかだということになる（クロード・レヴィ＝ストロース『人種と歴史』）。

国際政治のような大きな全体に以上のような構造の議論を当てはめるのはあまり適切でないとされるが、それでも構造とシステムの区別をすることは国際政治を考える上でも明らかに有用である。なぜならば、構造レベルの何ものかとシステムレベルの何ものかを比較することには意味がないのであり、こうした区別をしないために議論が混乱する場合がよく見られるからである。

国際政治において構造とは何であり、システムとは何であるのか。

西欧国家「体系」と言ったり、国民国家「システム」と言ったりする。これらが指し示す全体は上述したシステムレベルのことなのだろうか。冷戦「構造」と言うことがある。これが指し示す全体は先に述べた構造レベルのことであるのだろうか。たぶん、もっとも正しい答えは、レヴィ＝ストロースが言ったような意味での構造やシステムという言葉遣いを意識してこれらのシステムや構造という言葉が使われているわけではないということであろう。

しかし、構造とシステムのレベルの違いを意識しなければ、まったく異なったレベルの全体をあたかも同じレベルのものとして議論するという錯誤がまかり通ることになる。国際政治学においても、こうした認識のレベルの相違をはっきりとさせることが必要である。

私は、現代の国際政治の構造を「主権国家構造」と呼ぶのが適切であると考える。この構造は、近代のヨーロッパに発する。一般にウェストファリア・システムと呼ばれるが、正しくは「ウェストファリア構造」である。この構造が近代以降変わらずに国際政治の構造なのである。最大の変形は、構造の主たる要素である主権国家の主権の担い手が王から国民に移動したことであろうが、こうした変形にもかかわらず構造は不変の特性を保持し続けている（ウェストファリア構造の特性については次節で詳しく論じる）。

この主権国家構造＝ウェストファリア構造の下で様々な国際システムが登場しては消えてい

った。たとえば、1815年のウィーン会議以後の「ヨーロッパの協調（the Concert of Europe）」も第2次世界大戦以後の「冷戦（Cold War）」もウェストファリア構造の下でのシステムであり、何らかの均衡状態が崩れて後出来上がった新しい均衡状態である。具体的に言えば、両者はそれぞれナポレオン戦争と第2次世界大戦という大戦争の後に出来上がった均衡状態である。ウィーン会議はナポレオン以後のヨーロッパに秩序を与えようとした会議であり、それによってヨーロッパの大国による協調体制が生まれた。しかし、この体制も大国自身の内部の変革によってその後大きく性質を変化させた。そして、最終的には、第1次世界大戦によってこのシステムは終焉を迎えるのである。

ひとつのシステムが終わり別のシステムが生まれるきっかけは圧倒的に大戦争である。戦争の終了後に勝者を中心として結ばれる講和条約によって次のシステムの大枠が定められるのが一般的である。ウィーン会議はそのための会議であったし、第1次大戦後のベルサイユ条約もそのための取り決めであった。大戦争の前後では、画然と時代が、つまりは、システムが転換するのである（Robert Gilpin, *War and Change in World Politics*）。

第2次世界大戦終了後の世界もまた例外ではない。戦勝国が中心となって新しい国際システムが生み出されるはずであった。しかし、第2次大戦後の特異な状況は、戦勝国の間で修復不可能な対立がすでに生まれていたということである。そうでありながら、核兵器の登場などによって実際の戦争は不可能であった。すなわち、冷戦の開始である。しかし、この冷戦も、その直前の大戦争である第2次世界大戦の戦勝国が結んだ約束に大幅に拘束をされていたと言える。冷戦がヤルタ体制などと呼ばれるのはそのためである。

国際政治におけるシステムは、ひとつの時代に単一のものではない。様々なイシューごと、地域ごとにシステムが存在するとも考えられる。冷戦のような他を圧するシステムが存在する時代にも冷戦とは異なったイシュー別の国際システムが並存していた。たとえば、国際経済の領域でのブレトンウッズ体制は明らかにひとつの国際システムであった。その他にも様々な国際システムが重層的に存在していたと考えることができる。こうした折り重なるようにして存在するそれぞれのシステムをレジームと呼ぶこともある（Stephen D. Krasner, ***International Regimes***）。多様なレジームが機能することで国際社会はより複雑になり、安定性を増す場合もある。なぜならば、あるシステムでの対立が他のシステムでの協調の必要によって相殺される可能性があるからである。もちろん、逆の影響もありうる。あるシステムでの協調関係が他のシステムでの対立によって阻害されることもあろう。しかし、一般に、システムが多様に存在すればするほど、すべてのシステムである国家、ある国家群が対立をする可能性は低くなる。対立と協調のバランスが国際社会全体を安定に導く可能性がある。

以上のように、システムはひとつの構造の下で、同時に多様に複数存在しうるものであり、むしろそれが普通である。ただ、システム間で重要度の違いがあるのも事実である。冷戦時代には「冷戦」というシステムは他のシステムと比較して圧倒的に重要であった。システム同士はけっしてばらばらではなく、相互に影響を及ぼしあう。冷戦時代の大きな特色は「冷戦」というシステムが他のシステムを圧しており、場合によっては、冷戦システムが全体を覆い尽くし他のシステムが冷戦システムのサブシステムであるかのように認識されることがあったということである。それに対して、構造は常に唯一の存在である。現在の国際構造、国際システムについて述べると、主権国家構造＝ウェストファリア構造という唯ひとつの構造の下で、安全保障や経済・金融など多様な分野で、あるいは、様々な地域で、多様なシステムが存在し機能しているというイメージになる。構造は不変だが、システムは極めて流動的である。Ｇ７がＧ20になるように、システムは一気に変化する。それに対して、構造はまったく変化しない。

冷戦は明らかにシステムであるが、冷戦のように強烈な特色を持ち、圧倒的に他のシステムに影響力を持ったシステムというのはむしろ稀である。冷戦があまりにも強力な影響力を持ったが故に、むしろ冷戦はシステムではなく構造であると誤解されたように思われる。冷戦「構造」の下で様々なシステムの変化が起きたかのように議論される場合があるが、それは間違っている。むしろ、一般に冷戦と呼ばれている時期にも並行して多様なシステムが国際社会には存在していた。他の様々なシステムに多様な変化が見られたにもかかわらず、それらのシステムをすべて冷戦の系（サブシステム）であると考えることで変化を過小評価する結果になっていたように思う。冷戦思考という言葉があるが、冷戦の最大の特色は、政策決定者ばかりでなく研究者やジャーナリストも冷戦に思考を拘束されていたということであろう。その結果、冷戦中の冷戦とは異なる様々なシステムの変化を見逃し、あるいは、軽視し、１９８９年になって冷戦の終結が突然やってきたかのような印象を受けることとなった。冷戦終了後に多くの国際政治学者が「自分たちはなぜ冷戦が終焉することを、また、ソ連が崩壊することをまったく予想できなかったのだろうか」と反省をしていたが、以上のような認識のレベルでの錯誤がそのひとつの原因であったように思う。

現在では、冷戦は第2次世界大戦の後に開始され、ベルリンの壁が崩壊した1989年に終了したということになっているが、その途上においては必ずしも冷戦がいつから始まったのかという点においてさえ専門家の間に合意はなかった。私は、冷戦とは、ソ連という非常に特異な国家が存在した1917年から1991年までのさらにある一定の限定された時期で、問題はどのようにしてその時期を限定するかであると思う。ルイス・J・ハレーが60年代の終わりに『歴史としての冷戦』を書いたように、冷戦の定義によっては、たとえば、第2次大戦直後からキューバ危機までのほんの15年程度が冷戦と呼べる時期であり、それ以外は冷戦とは異なった時期と考えることもできる（永井陽之助『冷戦の起源』）。つまり、キューバ危機以後は冷戦以後の別のシステムであるとも考えられるということだ。ただ、そのシステムに「冷戦」のような名前が与えにくいだけのことである。実は、はっきりとした看板を掲げられる国際システムはあまり多くない。冷戦以後の現在も「冷戦」のような、かなり特色のはっきりした名前を与えることができない時代が続いている。

しかし、冷戦の場合、その定義が曖昧なまま、アメリカとソ連の対立そのものが冷戦と呼ばれるようになってしまったために、冷戦はシステムの固有名詞であるよりは米ソ対立に代わる一般名詞になってしまった。そのことによって、ソ連が存在した期間の国際政治のシステム・チェンジは意識されにくくなったと考えられる。つまり、構造ではない冷戦をあたかも構造であるかのように捉えたために、冷戦と同一のシステムのレベルでの変化が見えにくくなったというわけである。本当は、70年代のデタントも、ソ連のアフガニスタン侵攻以降のいわゆる「新冷戦」も第2次大戦以後に開始された固有名詞としての「冷戦」とはまったく異なったシステムと理解すべきであったのかもしれない。そのような理解が不可能であったのは冷戦が構造であり、そうした変化は冷戦構造下でのサブシステムの変化に過ぎないと理解されたからである。冷戦とはある一定の時期を指し示す固有名詞として使われるべきシステムレベルの用語である。ソ連が解体してしまって一方の当事者が消滅してしまったのだから、どのように考えても冷戦は終わったと考える以外なくなってしまったが、それでは国際政治の構造はどうなったであろうか。主権国家構造は依然として不変である。冷戦が構造レベルの存在ではなく、システムレベルの存在であったことは明らかである。

最大の問題は、冷戦を誰もきちんと定義しなかったことだ。仮に、第2次大戦後1989年まで冷戦のシステムが継続していたとするならば、その間を貫く要素の特色と要素間の関係の特色を特定すべきである。それは、単なる米ソの対立などというものであってはならない。なぜならば、国際政治における大国間の対立といった特色は様々な時代に見られるものでそれをいちいち「冷戦」という固有名詞で呼ぶことは正しくないからだ。「冷戦」が固有名詞であるとすれば、それに相応しい特色を特定しなければならない。

ちなみに、冷戦が戦争であったか否かに答えを出すのもなかなか難しい。仮に、冷戦が戦争であったとしても、宣戦布告はもちろんなかったし、また、第1次大戦後や第2次大戦後に結ばれたような講和条約も存在していない。勝者が中心となって構想された戦後システムが明確に描かれることはなかった。それどころか、誰が勝者であるのかについての不一致すら存在する。だから、冷戦後の世界は見取り図の存在しない世界なのであろう。大戦争の後に登場する「新世界秩序」と呼べるものはぼんやりとしか描かれず、しかも、それは立ち消えになった。冷戦に敗れたはずのロシアには敗戦国としての自覚が薄い。講和条約がないからである。そもそも冷戦とは戦争であったのだろうか。大戦争が、あるシステムから別のシステムへ移行する際の幕間であるとするならば、冷戦とはやはり戦争ではなく、むしろ第2次大戦という大戦争を幕間として登場した国際システムそのものであったと考えるのが適切なのかもしれない。それは第2次世界大戦という大戦争の勝者の誰もが望まなかった戦後体制であったというのが他の時代の国際システムとの大きな相違である。勝者の計画によってではなく、勝者間の対立によって図らずも出来上がったシステムであったからである。

さらに特異であるのは、冷戦終了後の状況である。一般に古いシステムと新しいシステムの間には大戦争のあることが多いのに対して、冷戦システムと冷戦後のシステムの間には戦争が存在していない。もちろん、冷戦自体が長い戦争であったと考えることも可能であるが、それでも、講和条約がないことからわかるように、勝者と敗者とその後の計画が極めて曖昧なままになった。冷戦がもし戦争ではなく、単なるシステムの名前に過ぎなかったとすれば、冷戦に明確な勝者も敗者もなかったのは当然と言える。

システムレベルの変化の背景にあって不変の特性を保持するものこそがまさに国際政治の構造である。私は、現代国際社会のこの構造こそがウェストファリア構造（主権国家構造）であると思う。一般に、ウェストファリア・システムと言われるが、それは、私が今ここで論じたように、構造とシステムの違いを意識していないから使われる呼び名である。ウェストファリアはシステムではなく構造と呼ばれるべきだ。国際政治学を学ぶ場合には、構造とシステムを明確に区別することが必要である。

第2節 ウェストファリア構造とは何か

近代の国際関係がウェストファリア条約に発するとの「神話」について近年多様な議論がある。

ウェストファリア条約とは1618年に始まったヨーロッパにおける30年戦争を終結させるために1648年に結ばれた条約である。実際には、神聖ローマ帝国皇帝とスウェーデン女王を主たる当事者とするオスナブリュック講和条約と同皇帝とフランス国王を主たる当事者とするミュンスター講和条約の2つを併せて一般に「ウェストファリア条約」と呼ぶ。この条約によって近代の主権国家からなる国際関係がスタートしたと考えられてきた。この条約から近代の国際関係がスタートしたということの意味は、この条約が近代の国際関係の主体である主権国家を生み出し主権国家間の関係を生成したという意味であり、少し極端に言えば、これ以前には、近代的な主権国家はヨーロッパの国際関係に存在せず、中世的な別の主体が存在しており、この条約をきっかけとしてそうした古い主体が姿を消し、近代的な主権国家がそれに取って代わったということになる。

こうした認識は、かなり早い時期から国際政治学や国際法学の常識となっていた。しかし、最近になって、こうした認識は「神話」に過ぎないという有力な議論が登場している。

こうした議論は2つの方向からなされている。まず第1に、ウェストファリア条約の締結された前後の国際的な主体、すなわち、当時の「国家」を検証することによって、テシィケは、近代的な意味での主権国家は当時ヨーロッパに存在していなかったと主張している（Benno Teschke, The Myth of 1648、ベンノ・テシィケ『近代国家体系の形成』）。つまり、中世から引き続き存在する家産国家は相変わらずの状態で、近代的な主権国家はこの条約のずっと後になってから登場するのであり、ウェストファリア条約は近代の国際関係のスタートを画していないというのである。確かに、ヨーロッパのまさに中心に位置する神聖ローマ帝国が滅びるまでにはこの条約の後結局150年を要するわけで、しかも、神聖ローマ帝国なき後のドイツがようやく統一を果たしたのが19世紀後半であった。そのことを考えてみると、この条約の前後でヨーロッパに一斉に近代的な主権国家が誕生したとは考えられない。

議論の第2は、ウェストファリア条約の内容それ自体が、近代の国際関係をもたらすような内容になっていないというものである。ウェストファリア条約をその後の国際関係の基礎を築き上げた「基本法」と位置づけるのがウェストファリアの「神話」であるのだが、明石欽司によれば（明石欽司『ウェストファリア条約／その実像と神話』）、ウェストファリア条約にはそれに相応しい体系的な内容は含まれていないし、また、その後にヨーロッパで結ばれた条約などもも必ずしもそのような扱いをこの条約に対してしていないという。ウェストファリア条約が当時のヨーロッパで非常に重要な条約であったことは間違いないにしても、中世と近代を画するような重大な役割を単独で果たしたなどということは考えにくい。

たぶん、ウェストファリアは「神話」なのであろう。明石はこの神話の原点がどこにあるのかをウェストファリア条約そのものにまで遡って検証をしているが、必ずしもこれが大河の最初の一滴《ひとしずく》だというところまでその原点を特定できていない。しかし、それでも、ウェストファリアが中世から近代への転換の象徴であったことは間違いない。なぜそれが象徴になったのかが仮にはっきりしないとしても間違いなくウェストファリアは近代の国際関係の出発の象徴であった。逆に言うと、ウェストファリアが近代の出発点でないのだとすれば、近代の始まりがいつであるのかもはっきりしなくなる。ウェストファリアよりもはるか前に近代の萌芽は芽生えていたのだろうし、少なくとも、ヨーロッパ全体が近代的な主権国家のみによって構成されるようになるのは19世紀に入ってからである。つまり、ヨーロッパにおいて、中世がぼやけ、近代がはっきりと姿を現すのに500年近くの年月がかかったということなのである。世界の歴史の流れとはこのようにゆっくりしたものなのであろう。

こうした長い過渡期の年月の象徴としてウェストファリアの「神話」が存在していると考えることができる。近代の国際関係はウェストファリア・システムなどと呼ばれることがあるが、以上のことを勘案すると、このような呼び名は相応しいと言えるだろうか。私は、先に述べたように、近代の国際関係を「ウェストファリア構造（主権国家構造）」と呼ぼうと思う。近代の国際関係に何らかの名前がある方が適切であると思うし、その名前は意外なものである必要はない。ウェストファリア条約が近代の国際関係の出発点であるということが神話であることは間違いのないところだと思うが、近代の国際関係を象徴する呼び名が「神話」に基づくのはそう悪いことではない。ウェストファリアが「神話」であるとすれば、私はその神話から名前を取って、近代の国際政治構造を「ウェストファリア構造（主権国家構造）」と呼ぼうと思う。

ヨーロッパにおいて、ローマ帝国の時代、中世の時代にもそれぞれ国際的な構造と呼ぶことのできる構造が間違いなく存在した（もちろん、それを「国際的（inter-national）」と呼ぶのは厳密には正しくない。近代的な意味の国家や国民、すなわち、「nation」が存在しない時代であったのだから。ここでは便宜的にそれらを「国際的」と称する）。しかし、それらは東アジアの国際構造である中国を中心とする冊封体制がそうであったように、地球全体からみれば、ローカルな構造であった。主権国家構造（ウェストファリア構造）の特異な点は、数百年の時間を掛けてではあるが、この構造が世界全体を覆い尽くしたということである。ウェストファリア構造は世界全体をカバーした最初の国際構造なのである。

後で述べるように、私は、主権国家構造は、現在、完成に向かっての過渡期であると思う。数百年掛かって主権国家が地球全体を覆い尽くした。国境が移動したり国家の数が増大するなど、これからも主権国家のひとつひとつが不変であるとは言えない。それでも、それぞれの主権国家の内容がデモクラシーの方向に変化し続け、その間にも国際法や国際機関が、その時々にふさわしい形で発展してゆくであろう。しかし、それはもちろん一直線ではありえない。行きつ戻りつを繰り返すのであろう。私は完成に今後500年かかってもおかしくないと考える。

私たちは、自分の寿命の長さで物事を判断する傾向がある。国際構造はひとりの人間の寿命では計りえない時間で成長し衰退する。期待するような変化を自分がその目で見ることを望んではならない。それを目にする世代も確かにあるかもしれない。しかし、それは望んでそうなるわけではない。構造とは人間の寿命では計りえない長さと大きさと深さをもつものなのだ。

ウェストファリア構造は、構造である以上、その内容は細々としたものとはなりえない。1930年代にフレデリック・L・シューマンがウェストファリア体制と後に呼ばれるようになる西欧国家体系について彼の主著『国際政治』の中で論じた。これは今から思うと非常に重要な指摘であった。シューマンがそこで論じた内容がほぼそのままウェストファリア構造の内容になると考えられる。

まず第一に、この構造では、主権国家が主たる主体 actorである。現代においては、もちろん、無視することが不可能なほど大きな影響力を保持する主権国家以外の主体が国際社会に多数存在している。多国籍企業や多様な分野で活動をするＮＧＯ、各主権国家の内部の地方自治体、さらに国際連合などの国際機関である。しかし、それらがいかに重要な役割を果たしているとしても、それらの果たす役割は主権国家の果たす役割とは比較にならない。すでに述べたように、私たち人間の存在そのものと主権国家は堅く結びついている。また、人間が生きていくために不可欠な社会の秩序を主権国家が与えている。主権国家以外にこうした働きを果たせる主体はまったく存在していない。主権国家以外の主体の重要性を否定しないとしても、国際社会においてもまた、主権国家が圧倒的な重要性を持っている。多国籍企業もＮＧＯも主権国家を無視しては活動が成り立たない。国際機関はそもそも主権国家の集合体であり、あらゆる意思決定は各主権国家の意思決定の結果に過ぎないのであって、しかも、その決定を主権国家に強制をすることはできない。主権国家は、まったく特別な存在なのである。

第二に、国際法の存在である。国際法は間違いなく不完全なものである。しかし、ゆっくりではあるが、着実に進歩し続けている。主権国家が多数集まってできあがる国際組織も同様に不完全ではあるが進歩し続けている。主権国家以外の主体もこうした国際法や国際機関の無視できない一部となっている。重要なことは、国際法や国際機関が主権国家の承認の下で徐々に分厚くなってきているという事実である。主権国家の承認のない国際法や国際機関はそもそも存在できないが、時間が経つにつれて、主権国家は当初自己が承認した法や組織の存在に縛られるようになる。主権国家は主権を持っている以上、至高・最高の権力を持っているはずであるが、長期的には、国際法や国際機関の生み出す国際的な規範に縛られる存在であるということが言える。ここに、国際社会の未来を見出すことができる。

シューマンは、第三に、バランス・オブ・パワーを挙げているが、バランス・オブ・パワーとはすなわち外交のことであろう。ウェストファリア構造とは、主権国家を主たる構成要素とする構造であるが、主権国家間の関係を規制するものが国際法と外交であり、一般にこの外交のあり方をバランス・オブ・パワーという。外交は、国益を第一として、それの実現のために主権国家が国際社会において行う多様な活動のことであるが、その多様な活動の背景には常にバランス・オブ・パワーと呼ぶことのできる思考と行動が存在している。これまでも多くの学者がバランス・オブ・パワーとは何かを体系付け、実際の政策決定者や外交官がそれを外交の指針としようとしてきたけれども、結局は、バランス・オブ・パワーとは、国益を実現するための、あるいは、国益を損なわないための思考の様式であって、思考を超えた行動のあり方までを含めてバランス・オブ・パワーと呼んでいるに過ぎない。つまり、ウェストファリア構造のような中央政府の存在しない状況下での生き残りに必要とされる「常識」こそがまさにバランス・オブ・パワーなのである。

バランス・オブ・パワーは多くの論者によって批判されるが、構造上の常識である以上これに代わる選択肢はない。ただ、長い年月をかけて国際規範とそれに基づく国際法を発展させバランス・オブ・パワーという思考と政策の選択の幅を限定していくことは可能である。

以上のようにシューマンの論点を整理して考えて、レヴィ＝ストロースの構造の定義である「構造を形成する要素と要素間の関係」ということをウェストファリア構造に当てはめると、ウェストファリア構造における構成要素とは主権国家であり、構成要素である主権国家間を結びつけるものこそが国際法と外交ということになる。時代に即して主権国家のあり方も変化するし、国際法は着々と進化し、外交のあり方も劇的に変化を遂げているが、そうした変化にもかかわらず、ウェストファリア構造は構造として現在のところ不変の存在である。なぜならば、主権国家に代わる国際主体はまったく存在していないし、それ故、主権国家間の関係もなくなるわけがないからである。すでに論じたように、主権国家以外の重要な主体が国際社会に登場してきているのは事実である。しかし、それらが主権国家に取って代わったり、それらの存在ゆえに主権国家が消滅したり役割を減じているという事実は見られない。主権国家以外の主体は、現在の国際社会においてあくまでも脇役であり、そのことは、国際社会が危機的な状態を迎えた時に露呈する。

たとえば、イラクやアフガニスタンにおいて国連をはじめとする国際機関やＮＧＯが重要な働きをしていることは否定しようがない。しかし、それは主権国家としてのイラクやアフガニスタンがまともに機能しているか、その機能を他の主権国家が代わりに果たしている場合ののことであって、それに失敗した状態の無政府状態にある国家の中ではこれらの主体は活動の仕様がないのである。つまり、いずれかの主権国家が作り出すある程度の秩序の存在を前提としてこれらの主体の活動は可能なのである。秩序を作り出すものこそが主権国家であることを忘れてはならない。また、２００８年から２００９年にかけての経済危機においても、こうした危機に対処する主体としては主権国家以外にないことを露呈した。すなわち、巨大な多国籍企業などは危機を作り出すことはできてもそれを収拾することはできなかった。主権国家とそれらのまとまりである国際機関が作り出す経済的秩序の中でのみこうした巨大な経済主体は機能することができるだけで、言わば、システムの消費者なのであって、それを生産する主体ではないのである。言うまでもなく、重要なのは、この場合、生産者であって消費者ではない。

以上のように、主権国家の存在は現在の世界では別格である。平穏な時代にはその存在が薄れることは確かだが、危機的な状況を迎え、それを克服する際には、主権国家の活動こそが圧倒的な存在感を示すのであり、逆に、主権国家以外の主体は、主権国家が形成する場が平穏である場合にのみその活動が目立つのであり、活動の場から平穏が去り危機的状況に陥った場合には、その場から退場するか、主権国家の助けを借りるしかない存在であるのだ。ただ、私は、だからと言って、主権国家以外の主体の存在を軽んじようとはまったく思わない。世界はそうした主体が機能できないほどの危機的な状態になることはむしろ稀であり、そうした主体が存分に活躍できる比較的平穏な時がむしろ普通であるし、そうした時に果たす主権国家以外の主体の役割は非常に重要である。現在の世界は間違いなく以前と比較して多様な主体が活躍するようになっているし、それが国際社会の性質を大きく変化させていることは確かなことである。しかし、それはシステムレベルでの変化なのであって構造の変化ではない。

このように考えると、ますます、構造とシステムを区別することの重要性が理解できる。主権国家とそれ以外の主体を同じ平面にのせて国際構造や国際システムの変化を論じることは間違っている。主権国家とは、構造を構成する不変の存在であり、他の主体とは画然と区別されるべきである。ここでいう「不変」とは存在そのもののことであり、主権国家の中身は時代とともに変化する。構造とはそうしたものである。これに対して、主権国家以外の主体は、構造上の存在ではなく、あくまでシステム上の存在である。つまり、その主体が出現したり消滅したりすることがあるとしてもそれはシステムの変化であって構造にはなんらの影響も変化も与えない。

構造上の存在が重要であることは言うまでもないが、システム上の存在がだからと言って重要でないということはない。つまり、それは存在上の区別なのであって、ある時代における重要度を表しているわけではない。私たちが肝に銘じて知るべきであるのは、どのような新しい主体が登場して重要な役割を果たしたとしても、あるいは、主権国家を含む多様な主体の関係がどのように変化するとしても、現在私たちが生きている世界は、ウェストファリア構造と呼ぶことのできる世界なのであって、この構造は主権国家から成り立っており、その間の関係を規制するものこそが国際法と外交であるという事実 fact なのである。

最近の主権国家の変化の様子を見てみよう。主権国家は存在としては不変だが、それ自体は多様に変化している。主権国家の役割は縮小しているのだろうか、それとも、拡大しているのだろうか。

そもそも国家の存在とは、国内においては治安の維持、対外的には安全の保障を核としている。どちらも国家による暴力の独占に関わる問題である。

ところが、現代においては、少し大げさに言えば、暴力の独占を国家自身が放棄しつつあるとも考えられる現象が存在している。アメリカにおいて顕著である、戦争の「民営化」の問題である。今や国家は国民に直接それを負担させるのではなく、金の力で治安と安全を買おうとしている。現代の傭兵＝戦争サービス企業＝警備会社を雇いあげて国家の治安や安全保障を維持し戦争を戦おうとしている。本来国家が独占すべき暴力の領域において国家がフェードアウトしつつあるという現実がある。ここにおいて国家は消滅しつつあるかに見える。あるいは、国家は単に安全を買う顧客のような存在になりつつある。この傾向は今後も進展していくのではないか。国家の存在理由と言っても過言でないこうした側面において役割を他の主体に譲りつつあるのだとすれば、確かに、国家は消滅しつつあると言えなくもない。

しかし、これとはまったく別の側面が現代の主権国家には存在している。それは政府系ファンド（SWF）の存在である。

国家の役割がもっとも必要とされないとされる分野が経済の分野であろう（たとえば、スーザン・ストレンジ『国家の退場』）。グローバリズムが順調に進展している場面では、まさにそのように見える場面があったことは否定できない。先に論じたように、世界同時不況に直面して、こうした国家や政府の役割は否定するどころか極めて重要なものであることが再認識されたわけだが、それとは別に、政府（国家）それ自体が巨大な経済的アクターとして登場しつつある。それがSWFである。SWFが今後どうのように成長し展開していくかは予想がつかないが、世界経済において重要な役割を果たす可能性の大きいことは否定しようがないように思える。しかも、SWFを盛んに利用しようとする国家が、中国、ロシア、中東の産油諸国であることを考えると、これらとデモクラシーとの関係を見通すことは非常に重要であるが、それ以上に困難な作業であるように思われる。

いずれにしても、国家の役割がもっともフェードアウトしつつあると思われた経済の分野で、国家が重要なアクターとして突如登場してきたことは無視できない現象である。

以上2つの例からも分かるように、主権国家をめぐる動きはなかなかに複雑である。国家が独占的地位を占めるべき暴力の分野に国家以外の主体が国家によって導入されつつある現実がある。これに対して、国家自体の存在を否定しつつあった経済の分野において主権国家が非常に強力な主体として登場しつつある。このように、主権国家が不変のものではなく、大きく姿を変える存在であるということを認識することが重要である。

ウェストファリア構造は、中世の後期に端を発し、19世紀の後半には西ヨーロッパでほぼ完成を見たが、現在に至るも地球全体では完成していない国際構造である。その名の由来のウェストファリア条約がこの構造の源泉であるということはまさに神話であるが、それが神話であるが故に、私は、この国際構造をウェストファリア構造と呼ぼうと思う。この構造の完成にはさらに数百年を要すると私は考える。

第3節　永遠のウェストファリア

「主権国家は大きな問題に対するには小さ過ぎ、小さな問題に対するには大き過ぎる」とはダニエル・ベルの言だが、確かにその通りであるように思える。

主権国家は、確かに、自国だけでは如何ともし難い多くの問題に直面している。環境問題はその最たる問題であろう。温暖化の問題にしても、河川や海洋の汚染、大気の汚染の問題にしても、国境の存在はまったく意味をなさない。テクノロジーや輸送手段の発達によって犯罪も国際化している。国境の中だけでは解決不能な犯罪が多様に登場している。さらに厄介なのがテロの問題である。今やテロは完全に国境を越えた存在となっている。各国が協力して取り組まなければテロを未然に防ぐことはできない。安全保障の問題も同様である。自国のみで防衛を全うできる国はアメリカ、ロシア、中国くらいなのではないか。ほとんどすべての国は、何らかの形で他国と共同しなければ自国の安全保障を確保できないような時代になって久しい。しかし、それでもなお、主権国家に代わる主体が生まれつつあるようには見えない。「大きな問題」を解決できるような主権国家とは異なった主体は存在しない。ほとんどあらゆるそうした主体は国際機関や国際会議のように主権国家の集合体に過ぎない。主権国家の集合体では問題に対峙することはできないのであろうか。それとも、主権国家間の協力のあり方が問題なのだろうか。

主権国家では対処しにくいより小さな問題が続出していることも事実である。たとえば、教育は、20世紀においては、画一的な教育こそが時代の要請で、国家主導の教育がふさわしい時期が確かにあった。しかし、21世紀においては画一的な教育はまったく時代遅れのものとなっている。個々の生徒に近づいてそれぞれのニーズに応える教育が求められている。国家よりもはるかに小さな、地域や個人に密着した主体が主役とならざるを得ない。同様に、高齢社会が必要とするニーズも国家よりもはるかに小さな単位の主体を求めている。国家のような大きな主体ではこれらのミクロのニーズを掬い上げ、それに対して機動力のある有効な解決を提示することはできない。しかし、だからといって、主権国家の存在は時代遅れでまったく必要のなくなったものと言えるだろうか。むしろ、役割分担の大胆な見直しこそが重要なのではないか。新しい主権国家のあり方が求められていると言えるのではないか。

そもそも、主権国家の存在なくして私たちの社会は存立しうるのか。主権国家単独では対処しにくい問題が多様に登場してきていることは事実に違いないが、そこから逆算して主権国家が不必要になったとは言えない。アナーキーの克服という私たちの社会にとって最も根源的な問題を解決しているものこそが主権国家であって、主権国家の不必要な社会などあり得ない。まして、主権国家に代わってこれらの役割を果たす主体は現在のところまったく存在していないのである。

国際システムは変容しつつあると言われる。現在は過渡期であると言われる。本当だろうか。そもそもこういうふうに言われる場合の「国際システム」とは、主権国家を主たるアクターとする国際システムのことである。であるとすれば、これは私の言う「国際構造」のことである。主権国家構造＝ウェストファリア構造は別の構造へと変化しつつあるのであろうか。

そもそも国際システムとは何だろうか。冷戦時代の米ソ二極体制は明らかにひとつの国際システムであった。その冷戦時代に多極化ということも言われた。多極化した冷戦システムという国際システムもその間に存在したということだろうか。冷戦後の米国による一極体制も国際システムと言えるかもしれない。問題領域をもっと限定すれば、限られた問題領域における国際システムが多様に存在することが理解できる。たとえば、WTOを主要な国際機関とする貿易分野においては、それはそれで独立したひとつの国際システムと理解することができるし、あるいは、漁業における国際システムの存在も指摘できる。そこにおいてはノルウェーが大国としての役割を果たしているかもしれない。

国際社会とはこのような多様な国際システム（あるいは「レジーム」）が複雑に折り重なって存在する分厚い諸国家の結びつきなのである。

しかし、それらすべての国際システムを貫いて最も基礎的な部分に横たわっている構造こそが主権国家構造（ウェストファリア構造）なのである。玉ねぎの皮を剥くようにひとつひとつのシステムを剥いていった最後に、国際社会の場合には主権国家構造という固い芯が屹立していると考えられる。システムはかなり短い期間で変化するが、構造は簡単に変化するものではない。

「国際システムが変容しつつあり、現在は現在とは別のシステムへと向かう過渡期である」

とする言説の意味するところは、「システム」と「構造」という言葉遣いに問題はあるけれども、主権国家構造が別の構造に変化しつつあるということでなければならない。システムが変化するのはあまりにも当たり前のことだからである。では、本当に構造は変化しつつあるのだろうか。

結論を先に言えば、主権国家構造は見渡す限りの将来に渡って、他の構造に取って代わられる見通しはない。どんな国際政治上の主体（アクター）も主権国家に取って代わることはできない。主権国家以外のすべての主体は、主権国家が作り出す国内政治・国際政治の束である主権国家構造の消費者あるいは受益者に過ぎないのであって、それ以上の存在ではない。もちろん、主権国家以外の主体が国際システムに影響を及ぼすのは当然である。システムは構造の下で多様に変化する存在である。システムには多様な主体が多様な影響を及ぼす。しかしながら、それはシステム上の存在なのであって、構造それ自体に影響を及ぼす存在ではない。そして、それは、だからと言ってそれらの主体が重要でないということではない。それらはシステム上で重要な役割を果たしているのである。しかし、構造はそれとは別の存在であるのだ。

そもそも主権国家に代わる存在はまったく登場していない。人間が社会を形成して生きていかなければならない以上、そこには最低限の秩序が存在しなければならない。そのような意味での秩序、あるいは、最も広い意味での「法の支配」を一つの社会において供給できる主体は主権国家をおいて他には存在していない。逆に言えば、主権国家の存在なくして平和な社会はあり得ない。秩序なき社会で人間は生きられない。

このように考えると、主権国家の存在が予見しうる将来になくなることは考えられないし、また、主権国家間の社会である国際社会においても主権国家構造が持続するとしか考えられない。ウェストファリア構造が不変なのだから、現在は過渡期などではなく国際構造も変化などしていないという結論になる。もちろん、何度も繰り返し述べているように、国際システムはかなり短い期間で多様に変化しているし、そもそも国際システムは同じ時代にいくつものシステムが問題領域ごとに並存し変化している。これらをレジームと呼ぶこともある。構造とは、これらすべてのシステムを貫く不変の存在である。それが主権国家構造であると私は述べているのである。

詳しくは次章で論じるが、むしろ重要なのは個々の主権国家の質である。同じ主権国家構造でもどのような質を持った主権国家から構成されているかによって、その構造上に出来上がる国際システムの性質は大きく異なる。より平和的な主権国家から構成されるウェストファリア構造こそが求められる。すでに論じた新しい主権概念を満たすような国家が増大していくことが何よりも望まれる。このように考えると、主権国家構造は別の何か新しい構造に変化しつつあるのではなく、より完成された主権国家構造へと向かいつつあると理解できるのではないだろうか。その方向を間違えず、いかにしてより完成した姿に向けて進むかが各主権国家の行動の指針となるはずである。

システム上の存在である主権国家以外の主体は主権国家に影響を及ぼすことによって構造上の影響力を行使することになる。たとえば、国際的なＮＧＯの活動が主権国家に影響を及ぼす例は珍しくないが、そうしたことは国際政治の構造の質を変化させることになるのである。構造は不変だが、その質は時とともに変化するし、主権国家以外の主体もこの点では無力ではない。だが、それは構造自体が変化するわけではない。

要するに、私たちの生きる世界は根本から変化したりはしないのである。私たちはこれからも主権国家の中で生きていかなければならないし、国際社会は多くの主権国家から成り立ち続ける。ヨーロッパに発する主権国家構造はあと５００年は続くのではないか。それが仮に完成する日が来るとすれば、今はまだその途上にあるのである。完成とはどのような姿か。すべての人民peopleが自決をし、その結果、すべての国民nationが主権国家を確立するだけでなく、すべての国家が半主権国家ならぬ真の主権国家、すなわち、主権を委託する政府を自由に選ぶことができる民主政＝デモクラシーが導入される国家でなければならない。世界中の主権国家がこの条件をクリアするのは容易なことではない。それが実現するにはあと５００年かかる、それ故、現在のウエストファリア構造は少なくとも５００年続くと私は言うのである。

私たちは、主権国家が時代遅れになりそれに代わって新しい主体が現れるなどと安易に考えるべきでない。私たちはこれからも５００年、主権国家に生き、主権国家からなる国際社会で生きていかなければならないのである。何も変わらないとは言わないが、長期に渡って構造的な変化はないという時代をいかによく生きるか、覚悟を持って考えなければならない。

だから、私たちは永遠に日本という国家で生きることになる。そうだとすれば、日本で生きる覚悟を改めて固める以外にない。私たちは、日本を主権国家としていかに健全に保つかに心砕かねばならない。また、依然として不完全な半主権国家のまま存在する多くの国家をより完成された主権国家へと変えてゆくために、つまり、半主権国家を真の主権国家に引き上げていくためにどのような協力ができるかを真剣に考えなければならない。

ウェストファリア構造は、長くても１００年しか生きることのできない私たちにとっては永遠の国際構造であると言っても過言ではない。

第4章　デモクラシーと平和

第1節 戦争はなぜ起きるか

蝋山政道は戦後まだそれほど時間がたたない占領期、1950年に、後に『国際社会における国家主権』という本として出版される文章の中で、戦争をなくすためには国家主権を克服しなければならない、つまり、世界共同社会を形成することによって国家主権を廃止しなければならないと論じている。こうした議論はまさに戦争後の特殊な知的状況の中でなされたものとも考えられるが、日本においては、こうした感覚がその後も長く濃厚に知的世界に残存し続けてきたように思う。

確かに主権国家は悲惨な戦争の主体ともなるが、主権の存在なしにいかにして人間の社会で法の支配を確立し維持するかが示されなければ国家主権の消滅を主張してもほとんど意味はない。国内の社会において国民に安寧と平和をもたらす主権国家が、対外的には、最大の災厄でもある戦争の主体となってしまうことほど矛盾に満ちた事実はない。しかし、この矛盾は主権国家をなくすことによっては解消できない。なぜならば、主権国家に代わって国内社会に法の支配を実現する存在がまったく想定できないからである。人間にとってアナーキーは戦争以上の悲惨である。

国家の行う行為の中でもっとも克服しなければならない課題が戦争であるとすれば、戦争がいかにして起きるかという議論こそこうした課題の克服にとってもっとも重要なものとなる。戦争のない、あるいは、戦争の極めて稀な世界はどのような構造をもつものなのか。

戦争はなぜ起きるのか、どのようにしたら戦争をなくすことができるかについての議論はたぶん無数にある。だからこそ、50年近く前に、こうした議論を3つのカテゴリーに分類してみせたケネス・ウォルツの仕事は不滅の価値を持っているように思える。ウォルツは、*Man, the State, and War* の中で、これまでの歴史上存在してきた戦争原因論を、第1イメージ、第2イメージ、第3イメージの3つに分類した。第1イメージとは、戦争の原因を人間の本性に求めるものである。つまり、権力を求めて止まない人間の本性にこそ戦争の原因があるというのである。第2イメージとは、国家の性質に戦争の原因を求めるものである。国家の体制には多様な形態があるが、容易に戦争に向かう国家体制と戦争をできるだけ回避しようとする国家体制があるというわけである。第3イメージとは、主権国家よりなる国際政治構造、すなわち、ウェストファリア構造に戦争の原因を求めるものである。つまり、主権国家が並び立つ国際社会の構造は基本的にアナーキーで、この構造が克服されない限り戦争こそがこの構造の常態であるというのである。

これらの戦争原因論はたぶんどれも部分的には正しい。戦争は限りなく多面的で、戦争の起きる原因も単純・単一ではありえない。

こうした戦争原因の特定は、当然のことながら、原因除去のための対策をも導き出す。第1イメージから導き出される対策は、人間それ自体を、たとえば教育によって、変革しようという方向へ向かう。UNESCOの有名な憲章の一節、「戦争は人の心の中で生まれる」のだから人の心を変革しなければならないという考え方がその典型である。第3イメージであれば、現在の主権国家よりなる国際政治構造、すなわち、ウエストファリア構造を根本的に変革して主権国家を廃止し、世界共同体を基礎として世界政府を造らねばならないというような思考の仕方になる。蝋山政道が提唱したのもこうした考え方であった。その点で、蝋山の主張は、戦争直後の日本に特別のことではなく、古くから存在する考え方であったと言える。特別な点があるとすれば、そうした主張の影響力の大きさの方であったのかもしれない。

こうした戦争廃絶のための試みが成功する可能性はどの程度のものだろうか。

仮に、教育の人間に及ぼす影響が非常に大きいとしても、人間の本性はやはり変化しないのではないか。また、教育を受けた人間もいずれ死ぬし、新たに生まれる子供は教育を受けた親の教育段階から出発するわけではなく、再びゼロからの出発をしなければならない。そもそも人間性を根底から変えることなどできるのだろうか。むしろ、戦争をしかねない人間の本性が変わらなくても、戦争とは違った紛争解決の選択肢を工夫できることが重要である。そのためにも、確かに社会全体にわたる教育は必須のものである。しかし、そのことによって変わらぬ人間の本性という戦争の原因が取り除かれるわけではない。

前にも論じたように、人が生きるためには社会が必要であり、社会は広い意味での法の支配を基礎とした秩序を欠くことはできない。そして、この法の支配を社会において実現できる唯一の存在が現代においては主権国家なのであって、予測できる将来にわたってこうした役割を主権国家に取って代わって行うことのできる主体が登場するとは考えられない。それを明確にすることは困難だが、経験的には主権国家には適正規模があるはずで、これが世界政府の規模と重なり合うことはとても考えられない。モンテスキューは民主的な国家は小規模の国家にこそ相応しいと論じた（モンテスキュー『法の精神』）。当時よりも科学・技術が進歩して、民主的な国家に相応しい国家の規模は明らかに拡大しているであろうが、それが世界全体がひとつの主体となるところまで至っているとは考えられない。主権国家はヨーロッパのように統合する方向へ行くものもあれば、逆に分裂の方向に向かうものもある。いずれにしても多数の主権国家よりなる主権国家構造（ウェストファリア構造）が他の何か別の構造に取って代わられる可能性はないし、別の構造に取って代わられるべきだという主張がなるほどと思わせるほどに具体的であったためしはない。

以上のように考えると、戦争原因論としての第1イメージと第3イメージはまったく正しい主張ではあるが、その原因を根絶して戦争をなくすことは不可能であると考えられる。人間の本性を変えることはできないし、主権国家構造をにわかに廃止することもできない。

戦争をなくしたい、せめて減らしたいと思えば、第2イメージからアプローチする以外にないということが理解できる。すなわち、主権国家それ自体をより平和的な体制へと変化させることである。その際には、第1イメージから導き出される対策である教育は重要な役割を果たすであろう。人間の本性を変えることはできないであろうが、より平和的な国家を作り出す人間を養成するためには教育が重要な役割を果たすはずだからである。より平和的な主権国家からなる国際社会では戦争の起きる確率はゼロではないにしても低くなるであろう。主権国家からなる国際構造においても、そこに含まれる主権国家の質こそが構造自体の質を決定づけるものだからだ。構造それ自体の問題というよりは、構造を構成する要素と要素間の関係が変化することで構造の下でのシステムの持つ性質が大きく変化するのである。

それでは、平和的な国家体制とはどのようなものであるだろうか。単純に言えば、すべての主権国家において、国内体制はより民主化されなければならない。すでに論じたように、21世紀の主権概念においては、主権概念の内部にデモクラシーが含み込まれている。主権国家とは、21世紀以後においては民主的でなければならないのである。民主政の実現されていない国家は「半主権国家」に過ぎない。現代の国際社会の構造は、まさに過渡期であって、主権国家と半主権国家が並び立っている構造に過ぎない。すべての国家が真の主権国家になるまでにどのくらいの時間がかかるか想像もつかないが、それこそがこの構造の完成された姿である。主権国家構造の完成こそが戦争の可能性を局限する。もし、現在の国際構造が過渡期であるとするならば、こういう意味なのである。

より平和的な国家体制、すなわち、民主制は、第1イメージが戦争原因とする人間の本性をより平和的な方向で収斂するであろう。人間の本性がたとえ不変であるとしても、人間性を戦争ではなく平和の方向へ導くことは可能であるはずだ。もちろん、民主制が戦争を志向するような場面もないわけではない。しかし、長期的に見れば、他の政治体制よりは戦争の確率を低めることが可能になるのではないか。民主国家同士では戦争が行われにくいという研究もある。

ブルース・ラセットらの研究（ブルース・ラセット『パクス・デモクラティア』）によると、古来、民主国家同士の戦争はなかったと言われている。民主国家が戦争をしないわけではない。アメリカは現在も戦争をしているし、これまでも民主国家が戦争をした例は珍しくはない。しかし、戦争の当事者の双方が民主的な主権国家であったことはないという事実は非常に興味深いものである。これに対して、将来に渡って民主国家同士が戦争をしないとは保障できないという批判があるが、もちろん、その通りであろう。しかし、そうであるとしても、戦争の可能性が非常に低いということは言えるであろうし、それこそが平和な世界だと言えるのではないか。戦争はなくならない。しかし、出来る限り少なくするということに意味があるのだ。ラセットらの研究にはそのような方向で大いに価値がある。

また、あらゆる国家が民主的になれば、第3イメージが戦争原因とする主権国家構造自体をより平和的なものとするであろう。多数の主権国家が並立する国際構造においては紛争は常に存在するが、平和的な主権国家からなる国際構造においてはできる限り戦争によらない紛争の解決が模索される確率が高くなるであろう。民主的な国家が必ずしも戦争をしないわけではないことは歴史が証明している。たとえば、直後に選挙を控えている政権が、紛争相手である国に対して弱腰であると有権者に評価されるのを嫌ってわざわざ強硬な態度に出るということは珍しいことではない。しかし、それでも、双方が民主的である場合は、そうでない場合よりは戦争の確率が低くなるように思われる。ラセットらのデモクラティック・ピース論によれば、双方が民主国家である戦争は歴史上存在しないそうである。もちろん、これからもそうした戦争があり得ないとは言えないが、それでも、希望を持たせる実績であるとは言えないだろうか。

戦争を根絶することは難しいが、以上のようにして局限していくことは可能である。そもそも紛争をなくそうとすることは間違っている。人間関係において争いがなくならないように、国家間関係においても紛争はなくならない。問題は、紛争をどのようにして解決するかということで、戦争が選択肢とならないようにするにはどうしたらいいかということが真の問題なのだ。そのためには、主権国家はより平和的な国家体制を確立しなくてはならない。より平和的な国家体制とは、端的に言えば、「自立したデモクラシー」である。あるいは、真の意味での主権国家の確立である。では、「自立したデモクラシー」とは具体的にどういうものであるだろうか。

第2節 自立したデモクラシーを目指して

デモクラシー democracyの日本語訳は案外難しいものだ。一般に多くの人があまり疑問を感じることなく民主主義という言葉を用いているが、私は民主主義という訳語には疑問を感じる。デモクラシーのどこに「主義」に相当するものが含まれているのだろうか。

日本人は一般にある政治事象を思想的側面から過剰に理解しようとする傾向が強い。たとえば、1960年代以降国際社会で一定の役割を果たした非同盟を日本人の多くは非同盟主義と称したし、それを「主義」として理解しようとした。非同盟運動の中心的人物がインドのネールだったことの影響も大きかった。しかし、非同盟とは、まず第1に国際政治における新興独立諸国の政治運動であった。もちろん、非同盟は単なる運動ではなく、それに参加する各国の外交政策に大きな影響を与え、また逆に、各国の外交政策から影響を受けるものでもあった。

また、非同盟は国際連合を始めとする多くの国際組織において圧力集団としても機能していた。そして、これらの背景にはネールを始めとする指導者の個性や思想が存在しており、それらが非同盟運動に多大の影響を与えていたことは確かである。しかし、非同盟は「非同盟主義」といえるような統一された一個の思想のようなものでは断じてない。ネールを始めとするチトーやナセルやスカルノの持つ思想的なものが必ずしも合致していたわけではないし、そうでなければならないというものでもなかった。非同盟を非同盟主義と表現し理解することは、非同盟をあまりにも過大に思想的なものとして理解する方向に傾かせたと言える。その結果、日本において非同盟に対する理解は間違いなく歪んだのである。ちなみに、非同盟は「ノンアラインメント（non-alignment）」であって「主義」という意味をその内にまったく含んでいない。

非同盟を「主義」として理解しようとする日本人の態度は、デモクラシー理解の場合にも一貫していると思われる。ギリシアの昔からデモクラシーを論じる思想的著作は無数に存在しているし、デモクラシーを背後から支えるデモクラシー思想が重要であることは言うまでもない。しかし、デモクラシーをまず第一に思想として受け止めて「民主主義」と訳し思想的な方向からこの概念を理解しようとすることは正しいことだろうか。

デモクラシーとはなによりもまず政治のやり方、あるいは、誰が政治的決定に参加するかという方法のことである。つまり、「独裁」「専制」が、たとえば王によるたった一人の政治決定であり、「貴族制」「寡頭制」がごく少数の人間による政治決定であるのに対して、「デモクラシー」は多数による政治決定のあり方のことをいう。すなわち、デモクラシーにとって最重要であるのは、政治的決定に参加する人間の数なのである。こうしたドライな理解は、デモクラシーをまず第一に「主義」として理解しようとする方向からは生まれてこない。

私はデモクラシーを「民主政」と訳して用いてきた。デモクラシーが何よりもまず政治のやり方を表していることからいってもこうした訳語が適切であろうと思う。ただデモクラシーは文脈によって多様な意味をもつことも事実であって、デモクラシーという政治のやり方を採用している社会をデモクラシー（あるいは複数形でデモクラシーズ）と呼ぶこともある。この場合は、デモクラシーの訳語を「民主国家」あるいは「民主社会」あるいは「民主制」とするのが適切であろう。

私は、民主政の長い苦闘の歴史の背後にひかえて重要な役割を果たしてきた「民主思想」の重要性を軽視するつもりは一切ないけれども、デモクラシーを「民主主義」ではなく「民主政」と訳して思想が過度に重視されることを避けたいと思う。

では、民主政とはどのような政治のあり方であろうか。あるいは、民主的な社会とはどんな社会であろうか。そして、私の提起した「自立したデモクラシー」とはどのような社会であろうか。

デモクラシーを支える柱には2つの柱がある。

ひとつは、自由な選挙である。そして、自由な選挙を中心において、それに必要とされる多様な制度が同心円状に発展していなくてはならない。

そもそも自由な選挙を行うことはそれほど簡単なことではない。自由な選挙を行えるほどに行政組織や人材が発達していなければならない。そのためには、国民に十分な教育がなされていなければならない。不正な選挙を行わない、行わせない倫理や制度も必要になる。

そして、何よりも重要なのは、言論の自由が保障されていなくてはならないということである。言論の自由なくして自由な選挙はありえない。また、言論の自由を基礎としてマスコミなどの報道機関・言論機関が十分に発達しなければならない。投票に際して、候補者がどのような政策を提出しているのかを有権者は十分に知らなければならないし、それに対する批判も十分に知ることができなければならない。

デモクラシーとは本来極度に重層的な政治社会体制であるが、私は、非常にドライに、その中心には自由な選挙が存在していると考える。

デモクラシーの2本の柱のうちのもうひとつの柱は「スポーツマンシップ」のような態度である。つまり、選挙での結果を受け入れる心である。どう考えても正しいとしか思えない自分の支持する勢力がたとえ選挙で負けたとしても、どんな場合でもその結果を受け入れるという態度のことだ。もちろん、そのためには選挙が正しく行われなければならないことは言うまでもない。デモクラシーを真に支えるのは「グッドルーザー」たちなのである。

正しい選挙とともにこの態度を支えるものが、思想・良心の自由の存在である。つまり、選挙に負けたことを受け入れて、その後のけっして賛成できない決定にことごとく従うということは選挙における敗者が受け入れなければならない現実だが、それは別に心の中までの変化を要求するものではない。つまり、決定に従いつつも心の中で反対すること、それを発言することは自由でなければならない。消費税を正しく支払いながら、それに反対することは自由である。選挙に負けたからといって内面の考え方まで勝った側に従って変化させる必要はまったくない。次の選挙での勝利を期すことこそ民主政の担い手の正しい態度である。

異論を心に抱くこと、それを発言することと、決定に従わないことはまったく別個のことである。デモクラシーの社会では、異論を唱えながら決定に従うことが重要なのであって、選挙に勝った側は負けた側に思想と言論の自由を完全に許さなければならない。負けた側は勝った側の決定に従わなければならない。デモクラシーとはこうしたゲームでもあるのだ。

デモクラシーを機能させる要が多数決という決定方法である。

そもそも決定の方法には多様な方式がある。もっとも一般的なのが多数決である。他に、全会一致や3分の2多数決のような方式もある。国連のように拒否権を行使できるような決定方法もあるし、また、責任者に一任するという決定の仕方も存在する。政治においては、「決定」という行為が決定的に重要である。一般にデモクラシーの社会では多数決をその決定の仕方としている。

考えてみると、多数が賛成したからといって正解であるとは限らない。多数が間違うということは珍しい話ではない。それでも、多数が賛成する方が間違いの確率が経験的に言って低いこと、決定を多くの人がすんなり受け入れられる方が社会的なコストが低いことなどの理由から、多数決が物事の決定に適切であるということはそれほど間違っているようには思えない。

そもそも人間は間違いを犯す。間違いの確率がゼロでないからといってそのやり方を排除するとすれば、あらゆる決定は、特に、重要な決定はまったくできなくなる。多数決で決定した結論をいったんは正しいと「みなす」ことが極めて重要な態度である。

この「みなす」という行為こそが文明であるのだ。

私たちの社会生活は「みなす」という行為に満ち溢れている。「みなす」という行為に依存していると言っても過言ではない。普段使っている紙幣は間違いなく「紙」だが、私たちはそれがただの紙ではない紙幣であるとみなしている。試しに燃やして紙であることを確認することには何の意味もない。だが、それがただの紙ではなく紙幣であるとみなす行為の背景でそれを支えている政府の信用が地に落ちれば、その瞬間からそれはただの紙になってしまう。

私たちの周りの多くの物《もの》、事《こと》がこのようなみなす行為、つまり、フィクションとシンボルによって支えられて、それが故に私たちの文明的な生活が成立している。言い換えると、多くのフィクションとシンボルによって支えられている社会こそ文明であるのだ。そして、そうであるが故に、文明に生きる人間はそのフィクションとシンボルを尊ばねばならない。フィクションとシンボルのない社会はとてつもない野蛮な社会だからである。

多数決とは政治の世界における「みなす」行為ということができる。その意味で、政治はゲームの一種であるということができる。様々な政治勢力は政治的決定の瞬間の多数決で勝つために日常の政治活動をしている。多数決で出た答え、すなわち、決定をいったん正しいものとみなして、勝った方も負けた方もそれに従う。一定の時間がたてば再び決定の機会が訪れることがわかっているので、勝った方も負けた方も次の多数決の機会に向けて政治活動をする。このようなゲームである。

多数決の結果をいったん正しいとみなすとは言うものの、それが間違いであることは珍しいことではない。それ故、思想の自由と言論の自由が重要な役目を果たすことになる。多数決で負けた側は、決定に従いはするが、信じていた考えを変える必要はない。それを基にした言論も自由に行って構わない。つまり、決定に従いさえすれば、思想・言論の自由は１００％保持できる。それには次のような意味がある。

多数決が間違いであることもあるとは繰り返し述べてきた。その決定が間違いであった時に社会に担保されている異論の質と量こそがその社会の強さの源泉である。異論を認め保護することで、多数決による決定の間違いに社会は気付くことができるし、それを修正することが可能となる。思想の自由、言論の自由がデモクラシーに欠かせないものだというのはこういうことなのである。

同じことを少数意見の尊重とは何かを考えることで確認してみよう。

デモクラシーにおける決定が最終的には多数決で行われるということはすでに述べた。多数決は乱暴に行うものではなくて、十分な話し合いの行われた後になされる。話し合いの中でお互いが考えを変えて合意が形成される可能性があるということが前提になっている。これもみなす行為のひとつである。ただ、話し合いの結果、歩み寄って全員一致の決定が行われることを目指す必要はまったくない。全員一致とは間違った決定方法であって、決定結果が間違った時には誰一人責任を取らない可能性が非常に高い決定方法である。日本では多くの場合、全員一致が目指されコンセンサスが重視されるが、日本の社会が全体として非常に無責任であるのはそのためであると私は思う。

多数派の意見で最終的には決定がなされるが、日本ではよく少数意見の尊重のために多数派が少数派に歩み寄るべきだということが言われる。しかしながら、これは非常に誤った考え方である。多数派の意見がA、少数派の意見がBであるとすると、多数派が少数派に歩み寄った挙句の意見はCということになるが、Cとは多数決の段階で誰も想定していなかった意見ということになる。こういうものが決定となるのは間違っているし、Cには誰も責任を取らない可能性が高い。

少数派を保護するとは、彼らの意見が少数で受け入れられなかったという事実にもかかわらず、その少数派がその後も依然としてその少数意見を持ち続け、さらに、その意見を発信し続けて構わない、あるいは、積極的にその権利を保護するということなのである。つまり、思想の自由、言論の自由が徹底的に守られるということを意味している。

その前提になっているのは、多数派も間違うことがあるという事実である。多数派の意見はいったん正しいと「みなされて」実行に移されるが、その過程で間違っていることが判明することはけっして珍しいことではない。少数意見を尊重するのはこうした時にオールタナティヴを社会に保存するということでもある。多数派の意見が間違っていることがわかれば、次には少数派の意見が表舞台に登場すればいいわけである。下手な妥協で全員がCに賛成ということになれば、オールタナティヴは社会に存在しないことになる。少数意見の尊重とは社会の保険でもあるのだ。

　世界中を見渡しても分かるように、こうした民主的な社会、つまり、デモクラシーを形成することは容易なことではない。世界中の過半数の国が依然としてデモクラシーを実現できていないのは、主権国家が世界を覆うようになって日が浅いせいでもある。多くの国家が半主権国家の段階に留まっている。私たちは、世界中の多くの国がデモクラシーを実現できるために何が出来るかを真剣に考えてみなければならない。

　民主制＝デモクラシーを実現することは簡単なことではない。ハーバーマスが言うように分厚い公共圏public sphereが社会の中に確立されなければならない（ユルゲン・ハーバーマス『公共性の構造転換――市民社会の一カテゴリーについての探求』）。公共圏とは、人びとが自由に情報を交換し意見をぶつけ合うことのできる公共の場のことである。古くは街の中心の広場であり、20世紀では新聞などのジャーナリズムが重要な役割を果たした。こうしたものに欠かせないのが思想・言論の自由であることは言うまでもない。

　こうした公共圏の確立は20世紀に比較すれば格段に容易に築き上げられる見通しが21世紀に

はある。20世紀であれば、多くの人びとが広場に集まり、あるいは、ごく少数の人がある人の家の一室に内密に集まって、情報の交換や意見の交流、あるいは、議論をしてきたわけだが、21世紀においては、インターネットや携帯電話、フェイスブックやツイッターといったツールを通じて、20世紀には考えられなかったような多数の人びとを結びつけ、それがデモクラシーの基礎に必須の公共圏を作り出す可能性が生まれている。しかも、こうしたツールは思想・言論の自由を許さない社会においても容易にそうした抑圧を回避する手段となる可能性が高い。こうした条件の変化の下でいかにしてデモクラシーをある社会に定着させるかを私たちはよく考えてみなければならない。

デモクラシーについて議論する場合に忘れてならないことは、デモクラシーに完成はないということである。デモクラシーとは、永遠に続く過程そのものであって、達成するべき目標では断じてない。

デモクラシーに欠かせない制度、たとえば、自由な選挙や選挙によって選ばれた議員からなる議会が整えば、デモクラシーを実現できると思うのは間違いである。憲法によって思想や言論の自由を謳えばそれらの自由が実際に守られるというわけではない。私たちはワイマールが結局ヒトラーを生んでしまったことを忘れてはならない。重要なのは、デモクラシーの形式ではなく、そこに盛られる実体である。実体は日々変化するもので、その変化によってはデモクラシーの形態を取りながらデモクラシーとはまったく無縁の、あるいは、デモクラシーとはまったく反対の社会が出来上がることはけっして珍しくない。

デモクラシーとは、完成の可能性のない社会体制である。常に流動し常に変化する実体をいかにデモクラシーの枠の中の良質な部分に流し込むかを片時も休むことなく社会全体が模索しなければならない体制である。人間にこうした仕事が持続できるであろうか。デモクラシーとは人間が行い続けている多数のチャレンジの中でも最大のチャレンジのひとつなのである。

日本ももちろん例外ではない。日本は間違いなくデモクラシーを実現した世界でも少数の国家のひとつである。しかし、制度は整っても実体がデモクラシーからずれていく可能性は常に存在している。大正デモクラシーの後に私たちは軍部の支配の時代を過ごした。憲法も改正されず、議会も開かれ、デモクラシーを支えるはずの制度が現実にあったにもかかわらず、それらの機能を麻痺させる法律が新たに制定され、デモクラシーの機能を阻害する慣行やものの考え方が社会全体を覆うこととなった。

私たちは、デモクラシーとは何であり、それを如何にして守るかを真剣に考えなくてはならない。すでにデモクラシーを実現した日本が後戻りをするわけがないと考えるのは大きな間違いである。デモクラシーの機能を殺す法律や慣行は民主的な制度の下でも意外に簡単に制定され広まるものである。こうしたことのないように常に政治の動きを監視し続けなくてはならない。

デモクラシーを実現し維持すると同時に重要なことは、主権国家が自立をすることである。つまり、政治的・経済的に他国に一方的に依存するようなことがあってはならない。現代においては、相互依存が深まり、まるで孤立して生きていくことはまったく不可能であるが、だからと言って、主権国家である以上、他国に一方的に依存するようなことがあってはならない。ウェストファリア構造においては、主権国家は他の主権国家と対等であることが求められる。それがクラズナーの言うようにいかに建前であるにしてもその建前が成り立つ程度には主権国家は自立していなければならない。主権国家には自立する強さが求められるのである。国際社会においては弱さとは悪なのであり、それは自らにとっての悪であるばかりではなく、同じ国際社会に存在する他国にとってもまた悪なのである。国際社会は自立する強さを持った民主国家によって構成されなくてはならない。

第3節 ウェストファリアの未来

21世紀を生きる私たちに強く求められていることは、しっかりとした歴史認識をもつことである。私たちはどこから来て、今どこにいるのか。そして、どの方向を目指して進むべきであるのか。私たちは揺るぎのない歴史認識を基に進むべき道を自ら選択しなくてはならない。

私たちが今生きている国際社会は、近代のヨーロッパに誕生した主権国家と主権国家間のルールである国際法や広い意味での外交（クラウゼヴィッツ『戦争論』の言を借りれば、広い意味では戦争も外交の延長である）が世界全体を覆うようになった、そのような世界である。私はこれをウェストファリア構造＝主権国家構造と呼んだ。

ウェストファリア構造は、ヨーロッパに発する構造である。この構造が世界を覆うようになる前には、アジアにはアジアの、アフリカにはアフリカの、まったく別の、現在の国際構造とは似ても似つかない構造が存在していた。ウェストファリア構造が一般に「西欧」国家体系と呼ばれるのはこのようなことからである。すでに論じたように、ウェストファリア構造の出発点がいつであるかを特定することはできないが、19世紀半ばまでにはだいたい西ヨーロッパにおいてこの構造がほぼ完成の域に達したということが言える。つまり、その頃までには、西ヨーロッパにおいて近代的な主権国家が誕生・成長し、それらの間には互いの主権を尊重し、内政に干渉することを控え、国際法を基礎とした外交が行われるようになった。

しかし、こうした国際関係のあり方は、ヨーロッパを出た外には適用されることはなかった。初瀬龍平が論じるように（初瀬龍平『国際政治学　理論の射程』）、ヨーロッパ諸国はヨーロッパの中ではウェストファリア構造のルール、つまり、「内なる論理」に従って行動していたが、ヨーロッパを一歩出た外の世界においてはヨーロッパにおける「内なる論理」を棚上げし、植民地獲得競争という、道徳や倫理をおよそ無視した「外なる論理」に従って行動したのであった。

「内なる論理」にはキリスト教を基礎とする人権などの倫理的基準も含まれたが、「外なる論理」に貫かれたヨーロッパ外での行動では、こうしたキリスト教的な倫理や道徳も無視され、ヨーロッパ人はまさに野蛮に行動したのであった。極端な場合には、非キリスト教徒は人間であるのか否かということまでもが真面目に議論された。人間とは言えないが故に人間として扱う必要がないのだという議論もなされた。

ウェストファリア構造がヨーロッパ限定のローカルな構造であった時には、ヨーロッパ諸国は「内なる論理」と「外なる論理」を使い分けて、ヨーロッパでは「内なる論理」に基づいて文明的に振る舞い、「内なる論理」不在のヨーロッパの外では植民地をめぐってまさに力と力の野蛮な競争を行った。そもそも植民地経営そのものがヨーロッパ内部では許されないような性質を持つものであった。

こうした内と外の使い分けができなくなったのが、ヨーロッパ限定であった主権国家構造が全世界に広がった第2次世界大戦後であった。第2次大戦後、主権国家構造は一気にグローバル化した。それまで植民地だったアジア・アフリカ諸国は主権国家として独立を果たし、それ故、ヨーロッパ限定であったはずの「内なる論理」がグローバル化し、「外なる論理」の通用する空間は存在しなくなった。戦後独立を果たしたインドのネールと中国の周恩来は1954年に「平和5原則」を宣言し、翌1955年にはインドネシアのバンドンで行われたA・A会議においてアジア・アフリカ諸国による「平和10原則」が採択された。この2つの原則はほぼ同じ内容のものだが、その意味するところは、アジア・アフリカ諸国が主権国家として独立をするとの宣言であり、それ以前はヨーロッパのローカルな国際構造であったウェストファリア構造をアジア・アフリカ諸国も受容するということであった。すなわち、「内なる論理」の世界化と「外なる論理」の終焉の宣言であったと言える（「外なる論理」は消えて無くなったわけではない。外側に現れるものとしては公式には居場所を失ったわけだが、実は、その後も長く人々の心の中に「外なる論理」は存在し続けている。差別の問題がそれであり、この問題は今後も長く消えて無くなることはないであろう）。

この時点で、ウェストファリア構造（主権国家構造）は、不完全なものではあるが、グローバル化したのである。そして、アジア・アフリカ諸国は、内政不干渉原則などの「内なる論理」を徹底的に主張することで、ヨーロッパ諸国の「外なる論理」への回帰を阻止しようとした。

このようにして、ヨーロッパに発する主権国家構造は全世界へと広がり、世界全体を覆う歴史上初めての国際構造となった。

ウェストファリア構造は、主権国家の内容がいかに変化し、主権国家間の関係がどのように変容しても、構造としては磐石のものである。しかもこの構造は常に単一である。この構造の下で、これまで多くの国際システムが出現しては変容し別のシステムへと移り変わってきた。もし、平和な国際社会を望むのであれば、国際社会の構造とその構造下における国際システムとを明確に区別して、私たちの現在立つ場所を見定めることが必要である。

重要なことは、ウェストファリア構造＝主権国家構造自体が未完成であるという認識である。すなわち、ウェストファリア構造は、主権国家を主要な主体とする構造であるが、現在の諸国家のうち「主権国家」と呼ぶことができる国家は未だ半分にも満たない。過半数の国家は「半主権国家」の段階にあるのだ。これらの諸国家が真の「主権国家」へと発展して初めてウェストファリア構造は完成すると言える。私たちはこうした意味での過渡期を生きているのだ。これまでは、国家の枠組みさえあればそれを主権国家とみなしてきたが、21世紀においては、デモクラシーが主権の概念の一部として切り離すことのできないものとなっているので、デモクラシーを国内社会において実現して初めて正当な主権国家として認められる。現在の国際構造は紛れもなく主権国家構造ではあるが、不完全、未完成な国際構造であることをはっきりと自覚しなくてはならない。

　主権国家と主権国家より成るウェストファリア構造は、時に、まったく異なった別の主体やその主体から成る構造に転換すべきだと言われる場合がある。そうしたことが言われる最大の原因は、私たちのウェストファリア構造に対する過剰な保守的態度にある。現在ある国境を断じて守らねばならないかのような考え方が、私たちの思考を呪縛している。

　確かに、現にある国境を動かすことには多大の困難が伴う。しかし、いったんそうした呪縛を解いて主権国家やウェストファリア構造について考える必要がある。今は影も形もない何かを求めるよりも現に存在しているものを変化させていこうとする方が、現実的だし実りも多い。第一、どうやって今は存在しない新しい構造に一足飛びに移行できるというのか。現状の変更の積み重ねの繰り返し以外によりよい未来への到達の道は存在しない。すなわち、構造上の要素と要素間の関係を変化させていくことである。

　その結果、現存する国家が分裂をしたり、あるいは逆に、統合をしたりするという可能性は相当に高い。それは、主権国家という概念に問題があるのだろうか。それとも、主権国家という概念にではなく、その概念のこの世界への体現の仕方に問題があるのであろうか。主権国家以外に人間の生きる場所が今のところ見当たらない以上、概念ではなく、体現の仕方に問題があると考えなければならない。

旧植民地諸国の抱える問題は、それらの地域が過去に植民地であったということ自体も問題ではあるが、それ以上に、現在に至ってもまだそれらの地域に国民形成がなされていないという問題と、仮に国民形成に成功していたとしても、それが国境とは一致していない確率が高いという二重の問題を抱えているということである。適正規模（小さ過ぎてはいけない）には十分に注意を払わなければならないが、植民地帝国が勝手に決めて、その上、そこを去る時には置き土産として置いて行った国境を変更することを許容しなければならない。これなくして真の国民形成は実現しないし、国民の存在なくして真の主権国家の成立はあり得ない。

私たちは、国境を原則として動かさないという思考の保守性を一度取り払ってものを考えてみなければならない。古来このような国際社会の基本事項とも言えるものの変更は戦争を通じて行われてきた。私たちはそれを戦争ではなく、自由な意見の表明と話し合いで実現しなくてはならない。人類が取り組む歴史上最大のチャレンジと言ってもよい。

ある構造の下で機能するあるシステムがいかなる性質を持つかを決めるポイントは、要素の性質と各要素間の関係の質である。国際社会においては、主権国家の性質と主権国家間の関係がこれに相当することとなる。現在の国際社会の構造は紛れもなく主権国家構造（ウェストファリア構造）であると言えるが、冷戦後の現在の国際システムに明確な名前をつけることは実は難しい。今後も国際システムにはっきりとした名称を与えることはできないのではないか。「冷戦」が例外であったのだ。その冷戦ですら必ずしも定義が定まっていないとはすでに述べた。システム上では、主権国家以外のシステムレベルの主体も多様に機能する。システムは構造に比べてはるかに複雑な様相を呈する。

フランシス・フクヤマは冷戦終結の直後に『歴史の終わり』を書いて、人類のイデオロギー上の争いはついに決着がついた、と述べた。フクヤマのこの主張には様々な批判もあったが、私はフクヤマは正しいと思う。冷戦の終了の最大の意味は、フクヤマが言うように、自由民主制が社会体制としては人類に最適であることが証明されたということであるのだ。もちろん、いかなる自由民主制であるのかという問いに対する答えは国によって、あるいは、人によって多様で、単純な答えを出すことはできない。しかし、自由と民主政を否定しては社会体制を論じられないということだけは確かなことになったのである。

確かに、近代の歴史は、自由とデモクラシーを目指して進んできたように見える。すでに「新しい主権」の概念を検討した際に、21世紀においては、主権の内部にデモクラシーの概念が含み込まれていてそれらは今や一体のものであると論じた。主権国家構造下の国際システムがたとえどのようなものであるとしても、主権国家はことごとくデモクラシーを実現する主体でなくてはならない時代を迎えているのである。それが冷戦が終わったことの最大の意味なのだ。

ウェストファリア構造の初期、ヨーロッパにもデモクラシーは存在しなかった。徐々にデモクラシーを国内体制とする主権国家が登場してきたわけだが、それには長く困難な歴史が伴っている。100年単位の時間を要した。デモクラシーを実現することは容易なことではない。植民地の時代を終えて、アジア・アフリカの諸国が不完全ながら主権国家を設立したのは第2次世界大戦の後のことである。まだわずかに半世紀程度しかたっていない。これらの国がデモクラシーを実現するにはまだまだ時間が掛かって当然と言えるだろう。しかも、先に論じたように、現在の国境が必ずしも適切でないことを考えると、その道は険しく長いと考えなくてはならない。

「新しい主権」の概念を基準にして現代の世界を見渡すと、大きく2種類の国家が存在していることが理解できる。すなわち、主権国家と半主権国家である。主権国家とは、デモクラシーが主権の概念に含み込まれていることを前提として、国内体制にデモクラシーをすでに実現している国家のことである。半主権国家とは、国家の枠組みだけが存在して、依然として国内体制にデモクラシーを実現できていない国家のことである。一般にこれらすべてを主権国家と呼び、まったく区別しないのがこれまでの国際社会の特色であった。21世紀の新しい時代においては、主権国家と半主権国家を明確に区別することが重要である。

半主権国家をさらに2つに分類することが可能である。すなわち、国家の内部で国民が十分に統合されている国家と、そもそも国民の統合が進んでおらず国家の枠組み自体が形骸と化している国家である。前者の国家は「半主権国民国家」と呼ぶことができるが、これらの諸国の課題は、デモクラシーの実現である。国民がある程度以上に統合されているとすれば、その国民がデモクラシーを望むことはむしろ当然のことで、現代においてこうした国家を現状の半主権国家のままに維持することは実は容易ではない。後者の国家は「半主権非国民国家」と呼べるが、こうした国家が国民を統合してデモクラシーを実現することは非常に難しい。そもそも国家の枠組みと統合されるべき人民の存在の枠組みが一致しているとは限らないからである。国家の枠組みを優先するか、人民の存在の枠組みを優先するかは非常に困難な選択である。現代の国際社会においては、国境を動かさないことが最優先となっているが、この原則が見直されなければ、この課題を克服することは難しい。しかし、国境を動かさないという原則の放棄は現状の混乱以上の混乱を招くかもしれない。

国際構造は不変だが、構造上の要素と要素間の関係は柔軟に変化する。変化の方向は私たち人類が選択することであって、私たちはけっして無力ではない。私たちはどのような未来を選択すべきだろうか。

私は、すでに繰り返し論じてきたように、世界のすべての国家が民主化されるべきであると信じる。民主化とは、すでに論じたように、政治決定のあり方とそれを実現するための多様な制度の導入のことであって、民主化された社会がその上でどのような性質を持つかは問題ではない。限りなく多様な民主社会が出現すると考えるのが自然である。

そのような観点から考えると、すべての主権国家および半主権国家は民主化を最優先の課題と位置づけて国家運営を為すべきである。なぜならば、平和的な国際構造を築き上げるためにはすべての国家は民主的であらねばならないからである。そもそも「新しい主権」の概念からすれば、民主的でない国家は主権国家とは呼ばれないのだ。そう考えると、すべての国家が真の主権国家とならなければならないと言うのが正しい。主権国家が地球を覆い尽くしたという言説は実は正しくないのだ。主権国家構造は現在完成への長い過渡期にある。

こうした立場から、現在の国際社会を見直してみると、私たちが真剣に考えてみなければならないことが様々に見えてくる。

まずは国際連合である。

国連は、すべての主権国家と半主権国家を区別しないでまったく平等に扱っている。20世紀の遺産とも言える。しかし、ここに現在の国連の限界が存在している。とはいえ、この点を変革しようと思えば、国連自体の存続が不可能となるであろう。私は国連をこうした点から改革することが可能であるとはまったく考えない。それでもなお、国連の果たす役割には大きなものがあると思う。国連を根本的に変えることが不可能であるとすれば、国連とはまったく別の組織を構想する以外にないと思う。つまり、「民主国家連合」United Democraciesの設立である。

もし、民主化こそが国際社会を永続的に平和にする唯一の道であると考えるならば、現在デモクラシーを実現している諸国は国連とは別に独自に民主国家連合を形成して、国際社会の民主化に力を注ぐべきである。民主化は簡単な課題ではない。それを望む諸国でさえも導入と定着に相当の長い期間を要する。民主国家連合はそれらの諸国を側面から積極的に援助すべきである。民主化を望まない諸国も国際社会には相当多数存在している。そうした諸国に対して、民主国家連合は、民主化を主張する国内の勢力を援助し、そうした諸国の民主化を促すべきである。

こうした民主化を促す活動においては、独善を排することと同時に、急がないことが肝要である。また、自らのデモクラシーの体制を否定してしまうような手段は断じて取るべきでない。数十年の単位で変化を考えないこと、100年の単位で国際構造の質の変化を構想することが重要である。

国家とは国際社会において権力を求める存在である。権力には、軍事力や経済力とともに、国家の名誉が含まれる。国家は名誉や名声を生来求めるものなのである。現代の国際社会においては、デモクラシーを実現できないでいること、あるいは、デモクラシーの価値を認めようとしないことは、不名誉以外の何ものでもない。世界中の多くの国がデモクラシーの価値を真に認めることは、そうした国をデモクラシーに向かわせずにはおかない。まして、国民に対して外からの情報をまったく遮断するということは今や不可能である。国家はいずれデモクラシーの方向に向かわずにはいられない。それを外からさらに促進することこそが真の主権国家の務めであるのだ。

すべての国家が民主的な国家となること、つまり、真の主権国家となることが最終的な目的地であるとしても、私たちはそのために安易に戦ってはならない。デモクラシーとは外から与えられるものではなく、結局、自らの能動的な活動によって手にするものでなければならないのである。私たちが戦わなければならないとすれば、それは次のような意味においてである。すなわち、デモクラシーと縁のないある国家が経済的に栄え、その国との経済関係が豊かさという観点から仮に非常に重要であるとしても、その非民主的な国家に対して臆することなく自由と人権とデモクラシーの重要性を説き続け、デモクラシーへの転換を常に求めることを実践し続けるということである。たとえそれが経済的なマイナスを招くようなことがあるとしても。

また、デモクラシーが万能でないことも明らかである。民主政は立憲主義によって制御されなくてはならない。つまり、立憲民主国家こそがこれからの主権国家のプロトタイプなのである。そこにおいては、「主権」が国民の安全を確保し、「民主政」が人民の自己決定を保障し、「立憲主義」が権力を抑制するという関係が築かれることになる。民主国家連合は立憲主義の先頭に立つことができる組織である。

民主国家連合の下で国際的な立憲主義のフロアfloorを築き上げることが可能となる。これこそ国際社会における国家統治の最低限の合意である。そこにおいては、主権国家たるものは民主政を採用し、国民を保護する責任を果たさねばならないことが要請される。さらに、基本的人権が保障されなければならない。主権国家はそれぞれに多様な特色を当然に持つようになるが、これらのフロアは必ず満たさなければならない。こうした国際的立憲主義の確立は民主国家連合でこそ実現可能となる。課題は、その輪を広げていくこととフロアの基準を上げていくことである。国際社会の進歩とはそうしたことを意味するのである。

ウェストファリア構造は未だ発展途上である。真の主権国家と呼べる国家はまだ構造全体の半分に満たない。しかし、長期的な視野でこの構造を考えてみると、この構造が真の主権国家で満たされていく方向に向かっていることは明らかである。もちろん、私たちが何の努力もしないでそこに辿り着くことはありえない。民主化とは多大の苦労の長い道のりであるのだ。しかし、それに向かって進む以外に、平和な国際社会を築き上げる道はない。私たちはスケールの大きな歴史的視野を持たなければならない。

おわりに──シーシュポスのように

私たちは、どこから来て、どこへ行くのか。そして、今どこにいるのか。

社会が急速に変化するようになってますます私たちはこうした問いかけを切実にするようになっている。ところが、どこから来たかという過去の問題に対してすら私たちは共通の見解をもちえない。それは中国や韓国とのいわゆる歴史認識問題において十分に知るところだ。まして、未来に対する見解となると一致した見解を得られるということはますます考えにくい。未来については、こうなるだろうという議論とこうなるべきだという議論を区別することも難しい。

国際政治をテーマにしてこのような議論をする場合に、今ある主権国家はすでに時代遅れになりつつあって、そう遠くない未来にそれとは異なった何かに取って代わられるとぼんやり考えてはいないだろうか。私たちが生きる今の時代はそうしたまったく新しい時代に向かう過渡期であると考えていないだろうか。主権国家はたかだか近代になって登場したものなのだから、現代において他の何かに取って代わられても何もおかしいことはないと考えていないだろうか。

実は、私も漠然とそのように考える時期があった。しかし、今では、私たち人間は主権国家の中で生きる以外に選択肢はないと考えるようになった。主権国家と主権国家からなる国際構造が、まったく別の主体とその新しい主体からなるまったく別の構造に転換しつつあるなどというのは完全な幻想である。仮に人間が500年先にも生き残っているとすれば、その500年をかけて主権国家と主権国家からなる国際構造が徐々に完成に近づいてゆくというのが本当の物語なのではないか。現在、国際社会を見渡すと、主権国家の完成度には極めて大きなばらつきがあり、ほぼ完成に近い国家もあれば、近代の初めに主権国家が登場する以前の状態に未だに留まっている「国家（これを国家と呼ぶとすれば）」もある。現代の主権国家に繋がる国家が西ヨーロッパに登場してから約500年、いかに不完全なものが多く含まれるとはいえ、独立した国家が地球全体を覆うようになってようやく半世紀である。人間がよりよく生きる場としての主権国家と多くの主権国家からなる国際構造は、現在のところ、まだまだ不完全で、衰退するどころか、仮に完成することがあるとしても、これから長い完成に至る道が続くと私は考える。

日本人は、大東亜戦争に破れ、アメリカに占領され、その占領政策がことごとく有効に機能したために、国家意識を失いつつあるように思う。そもそも、先進国においては、どこでも国家意識が希薄になる傾向にあるとはいうものの、日本人のその傾向は格別である。国家意識のみでなく、歴史認識、現状認識も希薄化しているように思われる。それは、国家に対する強烈な意識を抜きにして、歴史を認識し、現状を判断することは出来ないからである。当然のことながら、国家意識を欠き、歴史認識、現状認識も欠いたまま、未来を構想など出来るわけがない。日本人にとって現在もっとも必要とされることは、私たちがどこから来て、今どこにいるのかということをしかと認識し直すことだ。

日本は周囲を海で囲まれるという地理的な環境に恵まれ、国境の向こうの他国と自分たちとを意識的に区別する必要がなかった。そのような意識をわざわざ持たずしても自然と日本はひとつのまとまりであり他国とは別の存在だと認識することが可能だったのである。聖徳太子の昔から、国家的危機に際して、特に国民意識を掻き立てなくても自然と国民が一致団結する傾向を強く持っていたのだと言える。しかし、第2次大戦後、こうした意識は故意に破壊された。アメリカの占領政策は数十年の後に見事に成功を収めたのである。

私たちは、今一度国家意識を取り戻さなければならない。なぜならば、主権国家構造が予見しうる将来にわたって不変であるとするならば、私たちは日本という主権国家で生きてゆかなければならないからである。日本をいかに健全に保つか、日本をいかに国際社会の発展に生かすか、私たちは真剣に考えなければならない。そのためには、現代において主権とはデモクラシーをその内に含む概念であるということを肝に銘じなければならない。国際社会の民主化を推し進めることこそ主権国家日本の使命である。

ひとつの国家を民主化するために必要なことは何であろうか。

端的に言えば、それはネーション・ビルディングとステート・ビルディングである。日本はこの2つのことに貢献できるあらゆることを構想しなければならない。

ネーション・ビルディングとは、未だ国民の統合がなされていない人々に統合のきっかけとその各段階に応じた援助を行うことである。たとえば、教育に対する援助や国民統合に役立つ協業に対する援助などである。非常に地道で長い時間の掛かる援助になると覚悟すべきである。

ステート・ビルディングとは、国家の枠組みやインフラストラクチュアに関わる援助である。国家の法体系の構築に関わる援助や警察や行政に関わる援助、また、経済基盤となるインフラストラクチュアへの援助などである。これまでの日本の援助には様々な批判もあるが、実は、日本が力を入れてやってきたインフラ整備などは非常に重要な役割を果たす援助であるのだ。

こうした過程を経てどのような未来が生まれるのか、どのような未来を望むのかを私たちは長期的な視点で意識的に考えなければならない。私たちが構想するのは、真の主権国家からなる国際構造である。真の主権国家とは、デモクラシーを国内体制とする国家である。ウェストファリア構造は不変であるが、主権国家がどのような内容を持っているかによって国際システムは天と地ほどに異なったものとなる。私たちは私たちの望む未来を明確にして国際社会で発言し行動しなければならない。

以上のような考え方からすると、日本という国家に生きる、ということを私たちは腰を据えて考え直すべきだ。

日本は明治維新によって近代の主権国家をスタートさせた。維新直後に権力を握った者たちは必ずしもその権力を使って何をしたらいいかを明確に分かっていたわけではないし、しかも、何よりも欧米列強が武力を背景にして日本に押し寄せていた。日本の指導者は大急ぎで近代主権国家の体裁を整えることに成功したが、それらの多くはやっつけ仕事であり、不完全な部分が無数にあった。国家を振り出しに戻してゼロから作り変えるというチャンスはそうあるものではないが、明治維新は確かにその機会であった。日本人は間違いなくよくやったと言えるが、それでもその仕事は明らかに不完全であった。

第2次大戦後もそうした振り出しからの出発であったと言える。しかし、日本の指導者はこの機会においても多くの課題を必ずしも徹底したやり方で解決することができなかった。占領軍の意向は絶対的であったし、独立回復後はすでに冷戦真っ只中で、ゆっくりと国家を理想に向かって改革する時間などなかった。明治維新の時と同様に、どこかやっつけ仕事のまま多くの課題を先送りして、それでも、他の多くの諸国よりはまだましな国家を日本は作り上げてきた。

日本は、多くの課題を抱えながらも、幸い主権国家として他の多くの諸国に比較すれば完成に近い位置にある。それ故、主権国家とは異なった何かもっと素晴らしい主体に主権国家が発展的に解消されることをつい望んでしまうのかもしれない。しかし、すでに論じたように、私たちは見渡す限りの将来に渡って、この日本という国家で生きなければならないのである。そうであれば、明治維新の頃、そして、第2次大戦後に、解決し切れなかった無数の課題を再び見つけ、ひとつひとつ改善をしていくべきである。幸い、明治維新時の欧米列強や戦後の冷戦のような外からの差し迫った脅威に日本は今晒されているわけではない。中国という存在が確かに無視できない存在になっているが、維新後や冷戦初期のころの切迫度とは相当に異なっている。今こそ日本という国家をより理想的で完成され自立したものへと変化させる時だ。それこそ今直面している脅威への最良の対策である。

こうした改革は地味な日常の変化の積み重ねとならざるを得ない。多くが内部の足元の問題の解決だからである。場合によっては、現状の維持こそが重要な課題であり、そのためにこそ大胆な変化が必要とされるということもあるかもしれない。これは実は大きなチャレンジではないだろうか。つまり、私たちには日常しかないということだ。胸が躍るような根っからの大きな変化はもうないと言ってよい。私たちは明治に作り上げ発展させてきた国家に本気で磨きをかけ、そこを根城にしてじわじわと国際社会をよりよい方向に向けるための地道な努力をするしかないのだ。国際社会をよりよくするために私たちが何をすべきか、私たちに何ができるかを原点に立ち返って考え直す必要がある。

ギリシア神話のシーシュポスは、神から大きな石を山頂に運び上げるように命じられ、あえぎながら山頂が近づくと石が転がり落ち、再び麓から石を運び上げることを永遠に繰り返し続ける。私たちはシーシュポスのように生きる覚悟をしなければならない。

少し時代遅れの文献案内

この3冊の本に出会わなければ、私は国際政治を志さなかった。今でも刺激的な内容。

永井陽之助『平和の代償』中央公論社
高坂正堯『国際政治　恐怖と希望』中公新書
Stanley Hoffmann, *Duties beyond Borders*　Syracuse University Press

現代の世界を捉えようとする試みとして。私たちはどこにいて、どこへ行くのか。

アルビン・トフラー『第三の波』中公文庫
フランシス・フクヤマ『歴史の終わり』上・下　三笠書房

サミュエル・ハンチントン『文明の衝突』　集英社
田中明彦『新しい中世』　日本経済新聞社
伊藤憲一『新・戦争論』　新潮新書

ウェストファリアの神話の検証の決定版。

明石欽司『ウェストファリア条約　その実像と神話』　慶應義塾大学出版会
ベンノ・テシィケ『近代国家体系の形成　ウェストファリアの神話』　桜井書店

主権とは何かを考えるために。

F. H. Hinsley, *Sovereignty*　Cambridge University Press
S. D. Krasner, *Sovereignty*　Princeton University Press
R. H. Jackson, *Quasi-states: Sovereignty, International Relations and the Third World*

Cambridge University Press

外交とは何か。冷戦を構想した外交官の回顧録。

ジョージ・F・ケナン『ジョージ・F・ケナン回顧録』上・下　読売新聞社

国際政治を理解し、平和な国際社会を形成するために。

ヘドリー・ブル『国際社会論』　岩波書店

ブルース・ラセット『パクス・デモクラティア』　東京大学出版会

I. L. Claude, Jr., *Power and International Relations*　Random House

Swords into Plowshares　Random House

F. H. Hinsley, *Power and the Pursuit of Peace*　Cambridge University Press

戦争とは何かを考えるために。戦争はなぜ起きるのか。核兵器はなくせるのか。

ハーバード核研究グループ『核兵器との共存』 TBSブリタニカ
Raymond Aron, ***Clausewitz Philosopher of War***（レイモン・アロン『戦争を考える』原書の後半部分のみの翻訳） 政治広報センター
メアリー・カルドー『新戦争論』 岩波書店
K. N. Waltz, ***Man, the State, and War*** Columbia University Press
Robert Gilpin, ***War and Change in World Politics*** Cambridge University Press
マイケル・ウォルツァー『正しい戦争と不正な戦争』 風行社
John Keegan, ***War and Our World*** Hutchinson

冷戦とは何か。

L．J．ハレー『歴史としての冷戦』 サイマル出版会

J. L. ギャディス『ロング・ピース　冷戦史の証言「核・緊張・平和」』芦書房
『歴史としての冷戦　力と平和の追求』慶應義塾大学出版会
Martin Walker, *The Cold War*　Henry Holt and Company

デモクラシーを考察するために。

バーナード・クリック『デモクラシー』岩波書店
ロバート・A・ダール『デモクラシーとは何か』岩波書店
ナタン・シャランスキー『なぜ、民主主義を世界に広げるのか』ダイヤモンド社
橋爪大三郎『民主主義は最高の政治制度である』現代書館

あとがき

人はひとりでは生きられないが、勉強はひとりでするものだと思ってきた。

世には「変化するもの」と「変化しないもの」とがある。

「変化するもの」を追いかけることは案外容易であり、「変化しないもの」を見定めることは時に難しい。現代は、すべてが変化する時代であるかのように言われている。本当だろうか。

あらゆるものが変化するように見えながら容易には変化しない、芯のような、岩盤のような何ものかが、私たちの生きる世界にはあるのではないか。私はそうした「変化しないもの」を見つめてきたつもりである。

こういう社会科学系の書物で著者が何者であるかまったくわからないというのは気持ちの悪いものである。少しは私の来歴を書いておかねばと思う。

私は、慶應義塾大学法学部政治学科2年生の終わりに、それまでに読んでほれ込んでしまっていた東京工業大学の永井陽之助教授の研究室を訪ね、正式に（？）もぐりの学生となった。大学には結局5年間在籍したが、後半3年間を永井研究室にどっぷりと浸かって過ごした。永井先生の話はとにかく刺激的であった。私のすべての原点が永井研究室にある。

その頃の東工大は香西泰先生や江藤淳先生など社会科学系の先生も多士済々であった。国際法の奥脇直也先生は当時助教授だったが、大学院生向けの基礎的な文献の読書会などで特にお世話になった。東工大は不思議な空間だった。私のようなもぐりの学生をまったく区別しなかった。

大学を卒業して一橋大学大学院法学研究科に進学した。指導教官は山本満教授。ともすればこの著書のようにリサーチとは言い難い方向に行きがちな私に自由に勉強の場を与えてくれたのが山本先生であった。それがよかったかどうか。

本を書いてみて意外だったのは、近年教えた学生に対する感謝の気持ちが湧いてきたことである。学習院大学のゼミで毎年ゼミ生に何を考えさせようかを考える中で、この著書のテーマが出来上がっていった。ゼミ生たちにしてみると、ゼミで聞いた話ばかりだということになるかもしれないが、彼らに話をしながら私の考えはまとまっていったのである。この場を借りて感謝します。

私は今もプレーするサッカー狂いだが、この書物は決してゴールではない。キックオフだ。

著者

柴田純志（しばたじゅんじ）

北海道小樽市出身。1985年慶應義塾大学法学部政治学科卒、1992年一橋大学大学院法学研究科博士課程単位取得満期退学。千葉敬愛短期大学国際教養科助教授、敬愛大学国際学部専任講師、ワルシャワ大学東洋学院日本学科客員講師などを歴任。日本国際政治学会所属。現在、学習院大学法学部政治学科講師。

ウェストファリアは終わらない
国際政治と主権国家

2012年7月17日　第1刷発行
著書　柴田 純志

発行者　中島 伸
発行所　株式会社 虹有社《こうゆうしゃ》
〒112-0011 東京都文京区千石4-24-2
電話.03-3944-0230
FAX.03-3944-0231
info @ kohyusha.co.jp
http://www.kohyusha.co.jp/

印刷・製本　シナノ印刷株式会社

ISBN978-4-7709-0059-3